EDISON LUCIO VARELA CÁCERES
Universidad de Los Andes, Abogado *Cum Laude*.
Universidad Central de Venezuela, Especialista en Derecho de la Niñez y de la Adolescencia, profesor «Asistente» de Derecho Civil I Personas. **Universitat de Barcelona**, Máster en Derecho de Familia e Infancia

La capacidad de ejercicio en los niños y adolescentes

Especial referencia al Derecho español y venezolano

Prólogo
María Candelaria Domínguez Guillén

Revista Venezolana de Legislación y Jurisprudencia, C.A.
Caracas, 2018

Editorial RVLJ (Revista Venezolana de Legislación y Jurisprudencia, C.A.)

Diseño y diagramación
Reinaldo R. Acosta V.

Corrección
Elizabeth Haslam

Depósito Legal N° lf DC2018000244
ISBN 978-980-7561-03-7

Correo: revista_venezolana@hotmail.com
Twitter: @la_rvlj
Web: www.rvlj.com.ve
Los Ruices, Edificio Annabela, Caracas-Venezuela. Código Postal 1071
Teléfono: (0212) 234.29.53

*A los tres niños que motivan nuestros desvelos...
Luciano, Bárbara e Isabella... Dedico...*

«Creemos haber probado suficientemente que el hombre desde cierto período de su menor edad, puede ejecutar con eficacia jurídica ciertos actos muy importantes de la vida civil; y que, en consecuencia, la presunción de incapacidad en el menor no es absoluta»

RAMÍREZ, Florencio: *La personalidad jurídica del menor de edad*. ULA. Tesis doctoral. Mérida, 1909, p. 25.

«Entrar en el tema de la capacidad supone pisar sagrado: estamos ante la más radical, general y directa traducción jurídica de la personalidad»

GORDILLO CAÑAS, Antonio: *Capacidad, incapacidades y estabilidad de los contratos*. Tecnos. Madrid, 1986, p. 13.

«Desde el punto de vista jurídico, el término capacidad se presenta como una de las nociones más ricas y complicadas»

DOMÍNGUEZ GUILLÉN, María Candelaria: *Ensayos sobre capacidad y otros temas de Derecho Civil*. 3ª, TSJ. Caracas, 2010, p. 21.

Sumario

Prólogo 11

Introducción 17

1. **La capacidad en Derecho** 21
   1.1. **Capacidad de goce** 22
   1.2. **Capacidad de ejercicio** 26
   1.3. **Clasificaciones de la capacidad de ejercicio** 29
       1.3.1. Según su manifestación: natural o civil 30
       1.3.2. Según su amplitud: plena o limitada 31
       1.3.3. Según el derecho patrimonial: negocial
              o por hecho ilícito 32
       1.3.4. Según la relación jurídica: patrimonial
              o extrapatrimonial 34
       1.3.5. Según el Derecho sustantivo o Derecho adjetivo 35
       1.3.6. Según el régimen de incapaces: representación
              o asistencia y autorización 38

2. **Los modelos sobre capacidad de ejercicio de los niños y adolescentes** 41
   2.1. **Modelo tradicional o decimonónico** 41
       2.1.1. El criterio objetivo de la edad como elemento
              clave para determina la capacidad de ejercicio 44
       2.1.2. Argumentos justificadores 49
       2.1.3. Crítica al enfoque tradicional 51

2.2. Modelo convencional o moderno 54

2.2.1. Normas y principios relacionados con en el ejercicio directo de los derechos por parte de los niños y adolescentes en la Convención sobre los Derechos del Niño 59

  2.2.1.1. La capacidad evolutiva en la Convención sobre los Derechos del Niño 64

  2.2.1.2. Tipificación del ejercicio directo de algunos derechos 69

2.2.2. Normas y principios relacionados con el ejercicio directo de los derechos por parte de los niños y adolescentes desarrollados en instrumentos internacionales a partir de la Convención sobre los Derechos del Niño 76

2.2.3. Caracteres básicos del modelo convencional 79

3. La capacidad de ejercicio en los niños y adolescentes en el Derecho español 83

 3.1. Reglas generales en materia de capacidad de ejercicio de los niños y adolescentes 85

 3.2. Normas especiales en materia de capacidad de ejercicio de los niños y adolescentes 91

  3.2.1. Derechos patrimoniales 91

  3.2.2. Derechos de la personalidad 100

  3.2.3. Derechos procesales 109

  3.2.4. Otras situaciones jurídicas en donde se pondera la capacidad natural 119

4. **La capacidad de ejercicio en los niños y adolescentes en el Derecho venezolano** 125

   4.1. **La capacidad evolutiva. Nuevo modelo surgido a partir de la Convención sobre los Derechos del Niño** 127

   4.2. **Tipos de capacidad de ejercicio en el caso de niños y adolescentes**.. 138

      4.2.1. Capacidad de obrar natural del niño y del adolescente... 139

      4.2.2. Capacidad de obrar limitada del niño y del adolescente... 139

      4.2.3. Capacidad de obrar contractual y por hecho ilícito del niño y del adolescente... 140

      4.2.4. Capacidad de obrar extrapatrimonial del niño y del adolescente... 146

      4.2.5. Capacidad procesal del niño y del adolescente............... 147

      4.2.6. Capacidad natural del niño y del adolescente y los regímenes de protección 153

Conclusiones 157

Bibliografía 159

Prólogo

La primera vez que leí un trabajo del profesor Edison VARELA CÁCERES, no lo conocía, pero tampoco sabía la identidad del autor del artículo; solo me solicitaron una opinión sobre el mismo, y simplemente lo califiqué de excelente. Tiempo después, cuando lo conocí personalmente me llamó la atención que se trataba de un joven abogado oriundo de los Andes, que quizás rondaba los 25 años, no obstante contar con un estilo de escritura jurídica característica de un autor con amplia experiencia.

Posteriormente, fui jurado en el Concurso de Credenciales de la asignatura Derecho Civil I Personas, en la Escuela de Derecho de la Facultad de Ciencias Jurídicas y Políticas de la Universidad Central de Venezuela donde el profesor VARELA CÁCERES resultó ganador. Y pocos años después, también como jurado, me correspondió gratamente verlo ingresar a dicha Casa de Estudios mediante concurso público de oposición en la asignatura Derecho Civil I Personas, con la máxima calificación.

A raíz de su ingreso como profesor ordinario, fui designada como su tutora académica en su plan de formación y capacitación, para su ascenso al escalafón de asistente. Y debo decir que el profesor VARELA CÁCERES, es de aquellos excepcionales profesores ya lo suficientemente instruidos en el área de su estudio, que escasa actividad imponen a quien formalmente debe guiar su formación académica.

El profesor VARELA CÁCERES, es Abogado egresado de la Universidad de Los Andes con mención *cum laude*; Especialista en Derecho de la Infancia y la Adolescencia por la Universidad Central de Venezuela y con el trabajo que presentamos se convierte en Máster en Derecho de Familia e Infancia por la Universitat de Barcelona. Es autor de *La modificación del nombre propio en los niños y adolescentes* (Serie Trabajos de Grado N° 17. Universidad Central de Venezuela, Facultad de Ciencias Jurídicas y Políticas. Caracas, 2008), que fuera su trabajo de grado para optar al título de especialista y el cual obtuvo mención honorífica y publicación. Igualmente es autor de más de 15 artículos publicados en diversas revistas y libros jurídicos especializados, de los cuales en dos de ellos figuramos como coautores. Elaboró como trabajo para optar al escalafón de profesor Asistente en la Universidad Central de Venezuela, el titulado: *Los principios sectoriales del registro del estado civil*, el cual recibio mención «honorífica» y recomendación de su publicación, atenuando la aridez del tópico registral con el siempre actual tema de la interpretación jurídica. Su fructífera carrera profesional como profesor e investigador se complementa con su ardua labor de editor y fundador de la *Revista Venezolana de Legislación y Jurisprudencia*, que asciende a cinco años y nueve números publicados, en medio de tiempos de insólita dificultad económica.

Ahora nos ofrece su trabajo final del máster citado, en la Universitat de Barcelona, España, sobre *La capacidad de ejercicio en los niños y adolescentes. Especial referencia al Derecho español y venezolano*. Se trata de un trabajo exhaustivo a nivel bibliográfico y documental, como es característico en el profesor Varela Cáceres, el cual se pasea a través de cuatro capítulos, por el álgido tópico de la capacidad de obrar del menor de edad, lo que desarrolla en su primer ítem. De seguidas en el Capítulo II, reflexiona analíticamente sobre los distintos modelos de capacidad de los niños y adolescentes, a saber, el modelo tradicional o decimonónico *versus* el modelo convencional o moderno, promoviendo la adopción de este último. Los Capítulos III y IV están referidos a la capacidad de ejercicio del menor de edad en el Derecho español y en el Derecho venezolano, respectivamente, lo que permite darle una utilidad particular al trabajo, pues excede los límites del Derecho local o patrio, permitiendo contrastar cuál ha sido la visión de la doctrina española, en comparación con la venezolana. Pues entre los aspectos que podrá percibir el lector es que, a pesar de tratarse de ordenamientos afines, se aprecia una diferencia de visión importante entre la doctrina científica de ambos países.

Ahora bien, uno de los aportes más significativos del trabajo es pasearse exhaustivamente por la Convención sobre los Derechos del Niño, en contraste con la normativa interna venezolana que viene dada entre otros instrumentos por la Ley Orgánica para la Protección de Niños, Niñas y Adolescentes. Ello, a fin de analizar si tal instrumento permite una reinterpretación de las normas relativas a la capacidad de obrar del menor de edad. De allí que el autor propugne arduamente la adopción del modelo convencional o moderno, porque precisamente está basado en la aplicación de la citada Convención, que tiene rango superior en materia de interpretación por aplicación del artículo 23 de la Constitución venezolana.

Con base en ello, el autor propone la capacidad de obrar como regla del menor de edad, señalando, entre otras ideas, la propuesta de *lege ferenda* de la capacidad natural en materia contractual de niños y adolescentes, con miras en torno a su validez, según el nivel de discernimiento del niño o adolescente en el caso concreto, teniendo por norte a su decir si el interés superior del niño resultó perjudicado. Y aunque no se compartan algunas de sus propuestas, la sola oportunidad de ir más allá de las interpretaciones tradicionales en la materia, constituye uno de los méritos de la tesis del profesor VARELA CÁCERES.

Ello, pues seguimos convencidas de que el discernimiento sigue siendo la base de la incapacidad legal, y no es predicable respecto del niño, sin perjuicio de su sana participación como sujeto de derecho. Además, la incapacidad de obrar de protección inclusive por falta absoluta de discernimiento, da lugar a la anulabilidad y no a la nulidad, cual acontece a petición del propio incapaz interesado; en tanto que la proporcionalidad de la prestación está ligada al orden público en lo relativo al objeto del contrato, apuntando hacia una nulidad absoluta. Preferimos, así, mantener el tópico de la capacidad y el consentimiento como elemento del contrato que propicia nulidad relativa en beneficio del propio incapaz porque permite sostener la validez del acto, salvo que sea atacado por este. Salvando, en el caso venezolano, la nulidad absoluta que afecta al acto realizado por el condenado a presidio o entredicho legal, según el artículo 1145 del Código Civil, por tratarse de una incapacidad sancionatoria y no de protección. De tal regla no escapa el menor de edad: su acto despliega eficacia, salvo que sea atacado en su propio interés. Excepcionalmente, el menor no puede impugnar el acto cuando su malicia suple su incapacidad, a tenor del artículo 1348 del Código Civil.

Así como el autor plantea la necesidad de reinterpretar las normas en función del modelo convencional, a saber, la Convención sobre los Derechos del Niño, lo que igualmente acontece en materia de mayores de edad, se afirma que el artículo 12 de la Convención sobre los Derechos de las Personas con Discapacidad consagra el ejercicio de la capacidad jurídica de las personas con discapacidad, y se agrega que dicho instrumento introduce un cambio de paradigma que obligaría a reinterpretar la legislación interna a favor de integrar al incapaz en la toma de decisiones sustitutivas de voluntad. Ello no resulta fácil en un sistema como el venezolano, amarrado a solo dos modalidades de incapacitación –absoluta y relativa–, pero ciertamente la participación del incapaz ha de estar presente en el ejercicio del respectivo régimen de protección, en la medida que sea factible, por ejemplo, a través de su opinión en figuras como la delación o la selección del lugar de su residencia. Pero ello es un problema, si se quiere, técnicamente ajeno a la capacidad de obrar. Y de nuestra parte, pensamos que ello pareciera similar en el ámbito de la minoridad. Capacidad es un concepto técnico jurídico, que no siempre será fácil de contrastar con una sana participación del individuo. Toda vez que sujeto de derecho impregnando de la noción de dignidad, aunque incapaz de obrar, precisa ser tomado en cuenta. Semejante situación es predicable respecto del menor de edad, por lo que tratar de concretar su efectiva participación en términos relativos a la capacidad de obrar no es tarea fácil.

La obra que presentamos tiene el mérito de tratar de adaptar la Convención sobre los Derechos del Niño, a la reinterpretación de las normas relativas a la capacidad. Si el autor logra convencernos de su propuesta, definitivamente no es lo importante. Lo verdaderamente meritorio de la tesis del profesor VARELA CÁCERES es hacernos reflexionar sobre dicha posibilidad; es llevarnos de la mano por un ameno paseo normativo, doctrinal y jurisprudencial que nos aflora la necesidad de replantearse el actual esquema de la capacidad de obrar de los niños y adolescentes. Un impecable manejo de las fuentes normativas y un despliegue bibliográfico nacional y extranjero, fomentarán en el lector cercano a la materia, la curiosidad por meditar el tema. Las ideas del autor, compartidas o no, abren el camino a un complejo mundo de análisis en la doctrina y jurisprudencia venezolana. Ese es el objetivo principal de un trabajo de investigación, que cuando se hace con pasión, tiene como resultado el aporte que el lector podrá disfrutar a continuación.

María Candelaria Domínguez Guillén
Caracas, noviembre de 2017

Introducción

La capacidad es un concepto básico de la teoría general del Derecho, que indica en qué medida se puede ser titular y, a su vez, ejercer los derechos y deberes que se posee; de allí que se escinda en: capacidad jurídica y capacidad de ejercicio. Particular interés posee la capacidad de ejercicio en el Derecho de la Niñez y de la Adolescencia, pues la misma varía sustancialmente en la forma de determinarla para los niños y adolescentes, en relación con la que corresponde para los adultos.

En efecto, desde la Convención sobre los Derechos del Niño se ha registrado un nuevo modelo de tratamiento de la infancia denominado «doctrina de la protección integral», la cual viene acompañada con un novel esquema para la determinación de la capacidad de ejercicio de los menores de edad.

En tal sentido, como se apreciará, el modelo tradicional surgido con los códigos civiles decimonónicos, parte de calificar a los menores de edad como «incapaces plenos» según el criterio de la edad objetivamente considerada, empero se aprecia que la anterior fórmula es claramente insuficiente para cumplir los objetivos que se propone la doctrina de la protección integral surgida con la Convención, y por ello se debe modificar para postular que los niños y adolescentes poseen capacidad «limitada» o «semicapacidad», y la misma se determinará para cada caso en concreto según la madurez que presente el titular del derecho, lo que se expresa en un criterio subjetivo denominado capacidad «natural», «progresiva» o «evolutiva».

Lo descrito, como se verá, no ha estado libre de problemas prácticos, pues el texto de la Convención sobre los Derechos del Niño no regula el tema de forma directa, sino que sutilmente introduce los elementos que en definitiva permiten extraer los principios básicos para la construcción del nuevo modelo de capacidad de obrar para cada sistema jurídico que ha suscrito la Convención y, por tanto, adoptado el paradigma de la protección integral.

Por su parte, los ordenamientos jurídicos de los países suscritores han seguido el modelo de la Convención trasladando incluso la timidez en regular a través de normas generales el asunto de la capacidad natural en los niños y los adolescentes, lo que origina que no exista uniformidad en el tratamiento del tema en cada Derecho interno, sino que varié según los diversos tipos de derechos o relaciones jurídicas.

En dicho orden, en la presente investigación se estudian los ordenamientos jurídicos de España y Venezuela para así, del análisis de las diversas normas que regulan la capacidad de obrar de los menores de edad, determinar cuál ha sido la influencia concreta de la Convención y en qué medida se ha superado el modelo tradicional o decimonónico. Se juzgó oportuno delimitar el análisis a dichos ordenamientos, por evidentes razones prácticas: por un lado, al estar cursando el máster en España es ineludible el estudiar su Derecho, además de que el mismo representa un ejemplo de las tendencias que después son replicadas, con la incorporación de elementos autóctonos, por diversos países de Latinoamérica y por ello su legislación, jurisprudencia y doctrina son seguidas por los estudiosos del otro lado del Atlántico; para el caso del ordenamiento de Venezuela su escogencia obedece a que es el país en el cual el autor desarrolla su actividad profesional y, por ello, fue indispensable examinar dicho sistema.

La presente investigación es descriptiva por cuanto consistió en sistematizar las reglas jurídicas que operan en materia de capacidad de ejercicio para los menores de edad en cada ordenamiento examinado y relacionar dichos datos con los principios jurídicos identificados de la Convención sobre los Derechos del Niño referidos a la capacidad natural. Además, es de corte documental y, por ello, se pondrá énfasis en la ubicación de los textos legislativos que sirven de fuente primaria y de la hermenéutica de la jurisprudencia y la doctrina que desarrollan la temática objeto de estudio.

Según las anteriores premisas se dividió la investigación en cuatro capítulos: el primero, destinado a desarrollar los conceptos básicos, para así tener un soporte conceptual de la institución que se analiza, que no es otra que la capacidad de ejercicio. De seguida, se dedicó un capítulo a describir los modelos de capacidad de obrar para los niños y adolescentes que han regido desde la codificación, que son el modelo decimonónico o tradicional y el convencional que surge a partir de la Convención sobre los Derechos del Niño; en este caso, se puso énfasis en describir sus caracteres y las normas jurídicas que le sirven de soporte. En el capítulo tercero se examinó el ordenamiento jurídico español, para así exponer la adopción del modelo de capacidad natural y su impacto en las diversas tipologías de derechos –patrimoniales, de la personalidad, procesales, entre otros–. En el último capítulo, se estudió el ordenamiento jurídico venezolano y se logró identificar las normas que le sirven de soporte al modelo convencional y su aplicación en las diversas clasificaciones de la capacidad de ejercicio; igualmente, se observó que la doctrina nacional en su mayoría mantiene la tesis de la capacidad de obrar según el parámetro de la edad, es decir, continúan anclados en el modelo tradicional, lo cual debe obligar a una revisión de dicha posición, pues tanto la Convención como la Ley Orgánica para la Protección de Niños, Niñas y Adolescentes son suficientemente claras en postular un modelo de ejercicio directo de los derechos y deberes por parte de los niños y adolescentes titulares, según la madurez en concreto de cada individuo, lo que no es otra cosa que reconocer una capacidad progresiva o evolutiva a los menores de edad.

Todo lo anterior, permitió corroborar que de la Convención sobre los Derechos del Niño se deducen claros principios en materia de capacidad de ejercicio que ponderan la madurez para el ejercicio directo de los derechos; que los ordenamientos jurídicos examinados han incorporado la doctrina de la Convención y por ello promueven, en la mayoría de las áreas jurídicas, la capacidad natural como fórmula de determinación de la capacidad de obrar de los niños y adolescentes; que en consecuencia la regla general en la materia es que los menores de edad poseen capacidad limitada, la cual se va a determinar según el grado de desarrollo en cada caso en específico; siendo que la madurez se precisa ponderando la edad, la relación jurídica concreta y el interés superior.

Finalmente, se observará que, si bien en materia contractual todavía se mantiene la posición tradicional en las normas de los códigos civiles de corte tradicional, con algunas excepciones, ello debe dar un viraje hacia una regulación de capacidad natural para esta área del Derecho privado, pues, en definitiva, la capacidad evolutiva es la tesis más acorde con la consideración de los niños y adolescentes como sujeto de derecho, lo que debe proyectarse en todos los entornos sociales para así garantizar su participación y ejercicio directo de las facultades de que es titular, siempre que posea condiciones de madurez para su ejercicio.

1. La capacidad en Derecho

El término «persona» es un concepto técnico-jurídico que implica la posibilidad de ser centro de imputación normativa y, en consecuencia, titular de facultades y deberes. Tal afirmación es realizada en razón que el ente –individuo u organización– se le reconoce «personalidad», es decir, la cualidad para detentar la titularidad de derechos y obligaciones. Por otra parte, se debe precisar que esa substancia, en concreto, en el ser humano es variable, de allí que se advierta que la misma puede mudar entre uno y otro, siendo justamente dicha oscilación la que se expresa a través del instituto de la «capacidad» en Derecho[1].

Al respecto, DOMÍNGUEZ GUILLÉN indica: «La expresión 'capacidad' se asocia a un continente y a un contenido; en el ámbito jurídico para dar una noción de capacidad debe distinguirse entre dos especies: la capacidad jurídica o de goce, por oposición, a la capacidad de obrar o de ejercicio»[2].

Así las cosas, la capacidad en el Derecho es la medida de la aptitud que reposa en toda persona para poder ser titular por una parte, y además por otra, para ejercer los derechos y deberes de los cuales se es dueño o responsable. Entonces, la capacidad viene a representar la medida o el *quantum* de dicha aptitud[3], lo que desde el punto de vista práctico fija cual es el nivel de actuación de cada sujeto en el mundo de relaciones.

---

[1] Apunta RAMOS CHAPARRO, Enrique: *La persona y su capacidad civil*. Tecnos. Madrid, 1995, p. 178, que «El concepto técnico que sirve de nexo entre personalidad y capacidad es el de subjetividad, pues la persona tiene capacidad por su carácter intrínseco de sujeto jurídico –y no a la inversa–, de forma que se podría expresarse la relación diciendo que la personalidad es el *quid* y la capacidad el *quantum* de la subjetividad jurídica».

[2] DOMÍNGUEZ GUILLÉN, María Candelaria: *Manual de Derecho Civil I (personas)*. Ediciones Paredes. Caracas, 2011, p. 314. Para AGUILAR GORRONDONA, José Luis: *Derecho Civil I (personas)*. 13ª, UCAB. Caracas, 1997, p. 158, la «capacidad en Derecho es la medida de la aptitud de las personas en relación con sus derechos y deberes jurídicos».

[3] HUNG VAILLANT, Francisco: *Derecho Civil I*. 5ª, Vadell Hermanos Editores. Caracas, 2015, p. 260, «La capacidad está sujeta a oscilaciones cuantitativas».

En definitiva, la institución está integrada por diversas normas que constituyen un sistema que señala los escenarios en los cuales se posee determinada aptitud, así como las causas que originan sus variaciones, ya sea aumentándola o disminuyéndola. Igualmente, precisa los mecanismos que subsanan las carencias o que sirven de complementos con la intención de proteger al sujeto que presenta la circunstancia modificativa de la capacidad.

Por otra parte, desde tiempos pretéritos han existido categorizaciones de la capacidad. Lo anterior es muy obvio en razón de que no toda persona detenta en igual dimensión la aptitud para ejercer personalmente sus propios derechos y deberes. Por tanto, la capacidad puede variar entre un individuo a otro, según determinadas circunstancias objetivas y subjetivas que la legislación determina. Así, hoy en día, se han añadido varias escalas donde la doctrina ha efectuado esfuerzos por precisar cada campo, llenando los espacios donde el legislador no se ha referido de forma expresa, la primera distinción, que es prácticamente unánime, es la que distingue entre capacidad de goce y capacidad de ejercicio[4], a saber:

1.1. Capacidad de goce

Este subtipo tiene la particularidad de representar aquella cualidad que posee todo sujeto para poder ser titular de derechos y deberes. Constituye un mínimo de la aptitud[5] y, como su nombre lo indica, implica al menos la posibilidad de tener derechos y deberes[6]. Ossorio, en su Anteproyecto del Código Civil boliviano, propone su regulación de la siguiente manera:

---

[4] Comenta AGUILAR GORRONDONA: ob. cit. (*Derecho Civil I...*), p. 158, «La principal clasificación de la capacidad es la que distingue entre capacidad jurídica, legal o de goce, por una parte, y por la otra, capacidad de ejercicio, de disfrute o de obrar».

[5] *Cfr.* GORDILLO CAÑAS, Antonio: *Capacidad, incapacidades y estabilidad de los contratos*. Tecnos. Madrid, 1986, p. 20.

[6] DOMÍNGUEZ GUILLÉN, María Candelaria: *Ensayos sobre capacidad y otros temas de Derecho Civil*. 3ª, TSJ. Caracas, 2010, p. 27, «La capacidad de goce representa en sí misma una mera potencialidad, en el sentido de que todos somos actualmente titulares de ciertos derechos y deberes, y a la vez tenemos la potencialidad o posibilidad de llegar a ser en el futuro titular de otros derechos y deberes».

Artículo 12.- La personalidad implica la capacidad jurídica para todos los actos civiles. Esta capacidad consiste en la aptitud de ser sujeto de derechos y de obligaciones y tiene que ser igual para todas las personas nacidas en iguales condiciones...[7].

Entonces, resulta evidente que, para que una persona pueda ejercer las facultades o cumplir con los deberes que se originan de determinada relación jurídica, hay que primero ser titular de las mismas. Pues bien, la capacidad de goce –o «jurídica» como también se le conoce– involucra la posibilidad que ostenta toda persona de poder ser titular de derechos y deberes de forma genérica[8].

Lo dicho abarca la idea de que no existe persona que carezca de este mínimo de capacidad. En efecto, un ente que no pueda, por su naturaleza o estructura, ser al menos titular de algún derecho o de algún deber, sencillamente no puede ser reputado como persona, será un objeto o una cosa, pero en absoluto podrá ser centro de imputación normativa. Por tanto, es fácil comprender que se está en presencia de un concepto básico, que integra de forma consustancial a la persona y que no puede separarse de ella.

---

[7] Ossorio, Ángel: *Anteproyecto del Código Civil boliviano*. Imprenta López. Buenos Aires, 1943, p. 20.

[8] Según Puig Peña, Federico: *Introducción al Derecho Civil, español, común y foral*. Reimp. 2ª ed. de 1941, Atenea. Caracas, 2008, p. 234, esta «capacidad de derecho», como también se denomina, tienen la característica de que «es una indivisible, irreductible y esencialmente igual, siempre y para todos los hombres, ello aparte de tener el carácter fundamental porque contienen *in potentia* todos los derechos de que el hombre puede ser sujeto y en los cuales se traduce la capacidad». Para Díez-Picazo, Luis y Gullón, Antonio: *Instituciones de Derecho Civil*. Vol. I.1. 2ª, Tecnos. Madrid, 1998, p. 126, «Toda persona, por el mero hecho de serlo, posee capacidad jurídica. La capacidad jurídica, en tal sentido, es un atributo o cualidad esencial de ella, reflejo de su dignidad». *Cfr.* Ochoa Gómez, Oscar E.: *Derecho Civil I: Personas*. UCAB. Caracas, 2006, p. 221, «es una capacidad abstracta y uniforme para todos (…) inalterada por el transcurso de los años y es por ello estática, y es una y la misma para todas las personas (…) es expresión directa de la personalidad, independientemente de las individualidades y singularidades de cada sujeto individual, y por lo tanto no es afectada por las circunstancias personales».

Por lo expresado, algunos autores sostienen que no existen sujetos con incapacidad de goce absoluta, ya que, si tal suposición se diera en la realidad, el pretendido sujeto no sería persona, sino otro ente[9].

En tal sentido, cierta doctrina advierte que así planteada la cuestión el concepto de «capacidad de goce» se puede confundir con el de «personalidad»[10]. Sin embargo, no se cree que exista tal identidad en grado de equivalencia[11]; lo que en realidad ocurre es que el ordenamiento jurídico reconoce la personalidad a todos los entes que detentan ciertas cualidades para ser poseedores

---

[9] Como reseña GORDILLO CAÑAS: ob. cit. (*Capacidad, incapacidades...*), p. 21, «La capacidad jurídica acompaña a la persona desde el nacimiento hasta la muerte, y es siempre una y la misma; es decir, igual en todos y para todos, y en cada cual estática, constante, uniforme y general o abstracta. No admite grados ni modificaciones». *Cfr.* RAMOS CHAPARRO: ob. cit. (*La persona y su capacidad...*), p. 170, «siguiendo la inspiración realista de la doctrina española, mantenemos aquí firmemente la inexistencia de causas modificativas de la capacidad jurídica y el carácter totalmente invariable o constante de esta cualidad en cada sujeto humano, sin admitir grados, modificaciones o limitaciones de origen natural o legal. Una forma categóricamente negativa de la subjetividad estática, como sería la incapacidad jurídica, es inaplicable a la personalidad, en sentido ontológico, y, por ello, dicho tecnicismo negativo sí es del todo superfluo y debe erradicarse en la construcción realista». RUIZ JIMÉNEZ, Juana: «La capacidad del menor». En: *Curso sobre la protección jurídica del menor*. Colex. María POUS DE LA FLOR y Lourdes TEJEDOR MUÑOZ, coords. Madrid, 2001, p. 32, «La capacidad jurídica, se tiene o no se tiene, no admite grados, ni admite matizaciones, es igual para todo el mundo».

[10] *Vid.* BONNECASE, Julien: *Tratado elemental de Derecho Civil*. Editorial Pedagógica Iberoamericana. Trad. Enrique FIGUEROA. México D. F., 1995, p. 164, «La noción de capacidad de goce se identifica, pues en el fondo, con la noción de personalidad»; PACHECO GORDILLO, Hermógenes: *Capacidad y legitimación. Estudio práctico y doctrinal*. Lex. Barcelona, 1953, p. 14, «Capacidad y personalidad, vienen pues a ser términos equivalentes».

[11] SANCHO CASAJUS, Carlos: «Los derechos de la personalidad de los menores en Aragón». En: *XVIII Encuentros del Foro de Derecho Aragonés*. El Justicia de Aragón. Zaragoza, 2008, p. 67, comenta que «la doctrina más autorizada suele buscar diferencias entre los conceptos de personalidad jurídica y capacidad jurídica. La personalidad sería un *prius* lógico y ontológico, la cualidad de ser persona como valor. La capacidad jurídica es la traducción en el ámbito jurídico de la personalidad como aptitud para ser titular de derechos y obligaciones».

de derechos y deberes, y cuando se tiene esa cualidad también se reconoce un mínimo de capacidad y esta no es otra cosa que la capacidad de goce[12].

Por otra parte, algún sector ha sostenido la presencia de casos de incapacidades de goce relativas, es decir, donde se da la imposibilidad de ser titular de algunos derechos o deberes específicos, para ciertos sujetos que la ley determina expresamente[13]. Empero, se ha advertido que, en puridad, tales «incapacidades de goce relativas», son simples prohibiciones que la ley establece[14] y que son lógicas en el entendido de que existen puntuales relaciones jurídicas que excluyen la existencia de otras por contraponerse entre sí los intereses que tutela el ordenamiento jurídico con cada una de ellas[15].

---

[12] Sobre este asunto AGUILAR GORRONDONA: ob. cit. (*Derecho Civil I...*), p. 161, sostiene «parece más exacto distinguir ambos conceptos definiendo la personalidad jurídica como aptitud para ser titular de deberes o derechos y la capacidad jurídica, legal o de goce, como la medida de la aptitud», por tanto la «capacidad es siempre una noción cuantitativa».

[13] LARROUMET, Christian: *Derecho Civil. Introducción al estudio del Derecho privado*. Legis. Bogotá, 2008, p. 230, comenta refiriéndose al Derecho francés que «la muerte civil era en realidad, una incapacidad de goce general, en el sentido de que abarca todos los derechos y todos los actos de la vida jurídica. Después de que la muerte civil fue abolida, no es posible que haya incapacidad general de goce». Por su parte, OCHOA GÓMEZ: ob. cit. (*Derecho Civil I: Personas*), p. 222, destaca «siendo una expresión general e inmediata de la personalidad ni admite grados ni especificaciones».

[14] DOMÍNGUEZ GUILLÉN: ob. cit. (*Manual de Derecho Civil I...*), p. 321, señala que las denominadas incapacidades especiales de goce «se traducen en prohibiciones que impone el legislador por la posición que ocupan los sujetos en una posible relación jurídica o por razones de moralidad. Es la imposibilidad de ser titular de deberes y derechos en supuestos particulares». *Cfr.* OCHOA GÓMEZ: ob. cit. (*Derecho Civil I: Personas*), p. 229, «estas llamadas incapacidades no consisten sino en prohibiciones de actuar»; GORDILLO CAÑAS: ob. cit. (*Capacidad, incapacidades...*), p. 30, «en ocasiones se tratará tan solo de específicas incapacidades de obrar, a veces de simples y justificadas prohibiciones concretas, tal vez en algún caso de falta de legitimación». MESSINEO, Francesco: *Doctrina general del contrato*. Tomo I. EJEA. Trad. R. FONTANARROSA, S. SENTÍS y M. VOLTERRA. Buenos Aires, 1986, p. 90, las califica de «casos de incompatibilidad por razones de orden público».

[15] Entre los ejemplos que la doctrina menciona se encuentra la incapacidad de celebrar contrato de compraventa entre los cónyuges (artículo 1481 del Código Civil venezolano), limitación que actualmente no se observa en el ordenamiento español (artículo 1458

1.2. Capacidad de ejercicio

El concepto de capacidad de ejercicio –o de obrar como también se le conoce–, es mucho más rico en variantes jurídicas[16], tal expresión tiene la connotación de significar el nivel de derechos y deberes que puede ejercer el titular a través de actos que emanen de su propia voluntad para que generen efectos jurídicos sobre sí mismo. Representa, entonces, la medida en que la persona puede producir plenos efectos jurídicos mediante actos de voluntad para que recaigan las consecuencias sobre su ámbito personal o patrimonial. DOMÍNGUEZ GUILLÉN apunta que se «presenta desde una perspectiva dinámica como la posibilidad de realizar actos jurídicos válidos por voluntad propia»[17].

Según BONNECASE, la capacidad de ejercicio puede definirse «como la aptitud de una persona para participar por sí misma en la vida jurídica, figurando efectivamente en una situación jurídica o en una relación de derecho, para

---

del Código Civil español). Véase PUIG PEÑA, Federico: *Compendio de Derecho Civil español*. Tomo I (parte general). 3ª, Ediciones Pirámide. Madrid, 1976, p. 269, quien expone que la justificación histórica se ubicaba en que: «El principio de unidad de las personas entre los cónyuges y la exigencia de la licencia marital, que hacía ilógico que el marido interviniera en un mismo contrato como otorgante y como asistente y protector de la mujer, han sido los obstáculos que tradicionalmente se han manejado para la no admisión de tales contratos, que en el Derecho anterior se consideraban nulos (…) Hoy el Código no contiene ningún precepto general acerca de la materia, por lo que la doctrina suele estimar derogado el anterior principio».

[16] Por ello, GORDILLO CAÑAS: ob. cit. (*Capacidad, incapacidades…*), p. 40, comenta que «la capacidad de obrar, como señala la común doctrina, es contingente –se la puede tener y se puede carecer de ella– y variable: admite grados y modificaciones».

[17] DOMÍNGUEZ GUILLÉN: ob. cit. (*Manual de Derecho Civil I…*), p. 315. *Cfr.* OCHOA GÓMEZ: ob. cit. (*Derecho Civil I: Personas*), p. 223, «la capacidad de ejercicio o de obrar admite grados y modificaciones ya que requiere madurez mental para apreciar el valor y significado de los actos que se realizan (…) es contingente porque se la puede tener o se puede carecer de ella»; SÁNCHEZ HERNÁNDEZ también sostiene «la capacidad de obrar por la natural es susceptible de graduación, no siendo igual y homogénea para todos los hombres», parafraseado por ROCHA ESPÍNDOLA, Martín: «La persona del menor, su interés superior, su autonomía y el libre desarrollo de su personalidad». En: *Actualidad Jurídica Iberoamericana*. Nº 2. Valencia, 2015, p. 67.

beneficiarse con las ventajas o soportar las cargas inherentes a dicha situación, siempre por sí misma»[18].

Reseña GORDILLO CAÑAS: «la capacidad de obrar consiste en la actitud para actuar como tal sujeto, con un comportamiento generador de efectos jurídicos eficaces (…) exige, además, un mínimo de madurez en el sujeto»[19].

Señala HUNG VAILLANT: «implica que la manifestación de voluntad de la persona en el caso concreto tenga trascendencia y consideración en el plano jurídico; situación que se produce cuando en dicho caso la persona que actúa lo hace con unos mínimos intelectivos –de comprensión o entendimiento– y volitivos –de querer el resultado de la acción propia–»[20].

Por tanto, destaca AGUILAR GORRONDONA: «En materia de capacidad de ejercicio, lo decisivo no es la facultad de ejercer personalmente los propios derechos o de cumplir personalmente los propios deberes, sino la facultad de realizar actos de voluntad que produzcan en cabeza propia plenos efectos jurídicos»[21].

En efecto, como apunta OCHOA GÓMEZ: «se refiere a la actuación humana, a la realización de comportamientos que pueden ser realizados por personas (…) con pleno dominio de sus actos, dando lugar a que dichos comportamientos sean considerados como eficaces y válidos, produciendo los efectos buscados por las personas que realizan esos actos»[22].

Es el caso que para ejercer los derechos o cumplir con las obligaciones sobre las cuales se es titular, el legislador ha visualizado que debe establecerse un criterio que, con cierto grado de certitud, permita presumir que el sujeto está actuando con responsabilidad y que, por tanto, es plenamente consciente de los efectos jurídicos que producen sus actuaciones. Tal criterio, en principio,

---

[18] BONNECASE: ob. cit. (*Tratado elemental…*), p. 165.
[19] GORDILLO CAÑAS: ob. cit. (*Capacidad, incapacidades…*), p. 38.
[20] HUNG VAILLANT: ob. cit. (*Derecho Civil I*), p. 264.
[21] AGUILAR GORRONDONA: ob. cit. (*Derecho Civil I…*), p. 159.
[22] OCHOA GÓMEZ: ob. cit. (*Derecho Civil I: Personas*), p. 222.

no es otro que la edad; así, en términos generales, la edad es el elemento objetivo[23] y racional que toma el ordenamiento jurídico para determinar la capacidad de obrar de las personas[24]. Obviamente, sumado a la edad existen otras circunstancias que pueden afectar la capacidad de ejercicio, pero ellas representan casos puntuales.

Por lo anterior, para poder precisar el estatuto de capacidad de obrar de cada sujeto lo primero que hay que distinguir es su edad, los que posean 18 años o más entrarán en la categoría de «adultos» donde se establece como regla general que son capaces para obrar por sí mismos, salvo que se dé alguna causa que modifique judicialmente la capacidad de ejercicio[25]. Por su parte, el régimen de los niños o adolescentes, que, como es sabido, son los menores de 18 años de edad, es justamente el que se va a estudiar en profundidad más adelante.

---

[23] Comenta MENDIZABAL OSES, Luis: «El concepto del Derecho del Menor». En: *Revista del Instituto de la Juventud*. N° 19. Madrid, 1968, p. 8 (separata), «En este punto las soluciones adoptadas son dos: primera, la que determina con carácter general y de forma objetiva la edad a partir de la cual se alcanza la mayoría, y por tanto, se adquiere la plena capacidad jurídica de obrar, sin perjuicio de irse fijando los períodos precedentes, para concederse a cada persona una cierta capacidad, y segunda, la que aprecia con un matiz subjetivo el desarrollo de cada persona, para hacer depender de éste el grado de capacidad o incapacidad».

[24] Indica GETE-ALONSO, María del Carmen (coord.) *et alter*: *Cuadernos de teoría y práctica de Derecho Civil. Derecho Civil I*. 2ª, La Ley. Madrid, 1991, p. 88, «La edad es un dato objetivo, que da lugar a la configuración de dos estados civiles: minoría de edad y mayoría de edad». De allí que DOMÍNGUEZ GUILLÉN, María Candelaria: «Minoridad y mayoridad: consideraciones conceptuales». En: *Revista de Derecho*. N° 33. TSJ. Caracas, 2010, pp. 194 y 195, sostenga: «La edad resulta importante para el Derecho por cuanto éste presupone que en función de ella la persona ha alcanzado determinadas condiciones de madurez», y adiciona: «La edad tiene indudablemente repercusiones en la esfera de la capacidad de obrar o de ejercicio, esto es sobre la posibilidad de realizar actos jurídicos válidos por voluntad propia, pues constituye una de las causas o circunstancias que la afectan».

[25] SANCHO GARGALLO, Ignacio: *Incapacitación y tutela (conforme a la Ley 1/2000 de Enjuiciamiento Civil)*. Tirant lo Blanch. Valencia, 2000, p. 27, comenta: «Para ejercitar estos derechos y cumplir con las obligaciones se precisa un complemento, que se denomina capacidad de obrar», el mismo «Se atribuye a todas las personas mayores de edad que no hayan sido expresamente privadas de ella, total o parcialmente, por medio de la incapacitación».

Lo descrito es sumamente importante, pues las reglas que van a regir a un sector no son plenamente compatibles con las del otro. Así, por ejemplo, se señala que los mayores de edad son «capaces plenos», salvo que exista una circunstancia expresamente contenida en la ley que genere la modificación de su capacidad a través de un procedimiento judicial –con el respectivo establecimiento de un mecanismo de tutela o complemento de la capacidad disminuida–.

En el caso de los menores de edad, no se puede establecer una regla general, como, por ejemplo, que ellos son «incapaces plenos». En efecto, dentro de este renglón habría que distinguir entre los niños y los adolescentes; además, existirían tipos de relaciones jurídicas donde se establecen unas normas jurídicas particulares para determinar la capacidad de ejercicio, por lo que, según lo indicado, la regla en la capacidad de obrar de los menores de edad ya no sería uniforme –se hablaría de una capacidad limitada[26]–, aspecto medular sobre el cual gira el presente trabajo.

1.3. Clasificaciones de la capacidad de ejercicio

Uno de los grandes inconvenientes con que se enfrenta el jurista a la hora de examinar la capacidad de obrar es que, a través de su concepto, se aspira a abarcar todas las relaciones jurídicas en las cuales puede intervenir un sujeto de derecho y, obviamente, ellas presentan un contenido muy variado que es difícil de aglutinar en una sola categoría unificadora; por ello, la doctrina ha perfilado diferentes subtipos que persiguen establecer una sistematización según determinados criterios[27]. En todo caso, debe aclararse de una vez, que

---

[26] Por ello JIMÉNEZ GARCÍA, Joel Francisco: «La patria potestad. Su actual concepción en el Código Civil para el Distrito Federal». En: *Revista de Derecho Privado*. N° 12. UNAM. México D. F., 2005, p. 7, destaca: «en el Derecho mexicano un menor de edad tiene participación en el mundo jurídico, con plena validez, y sin la participación de sus representantes», en determinados escenarios.

[27] RAMOS CHAPARRO: ob. cit. (*La persona y su capacidad...*), p. 279, recuerda «los subgéneros de la capacidad de obrar no pretende atribuir a cada uno de estos conjuntos unos límites o presupuestos causales uniformes, sino más bien acotar, en forma descriptiva, el marco legal de los actos y negocios en que opera el límite de la capacidad de obrar, intentando llegar a la elementalidad o última división en las formas o clases concretas de la misma».

tales categorizaciones poseen fundamentalmente fines pedagógicos, ya que en la práctica el fenómeno jurídico se visualiza de forma homogénea. Así, se tienen los siguientes tipos:

1.3.1. *Según su manifestación: natural o civil*

Aunque la capacidad es una institución fundamentalmente jurídica, ello no la hace una figura aislada de la realidad; de allí que se sostenga que la misma debe tener necesariamente un soporte en los hechos. La divergencia que pudiera existir en algunos casos entre la capacidad declarada o presumida por el Derecho y la que efectivamente detenta en la práctica un determinado individuo ha dado pie para que la doctrina distinga entre «capacidad natural» y «capacidad civil»[28].

La capacidad natural, entonces, es aquella que se desprende de las propias aptitudes del individuo y que ejerce de manera real según su desarrollo o cualidades físico-mentales[29]. Por su parte, la capacidad civil es la que es determinada

---

[28] Comenta MÉLICH-ORSINI, José: *Doctrina general del contrato*. Editorial Jurídica Venezolana. Caracas, 1993, pp. 71 y 72, «la capacidad natural o la incapacidad natural es algo que pertenece a la esfera de lo meramente fáctico, en cambio la capacidad legal o la incapacidad legal es un fenómeno estrictamente jurídico dirigido a enfocar la cuestión de la validez o invalidez de los actos o negocios jurídicos».

[29] *Vid.* artículo 837 del Código Civil venezolano que exige además de la denominada capacidad civil, el «juicio» aludiendo a la denominada capacidad natural. Véase: artículos 685, 696 y 707.4 del Código Civil español referentes al testamento en donde se emplea la acepción «capacidad legal» con el fin de que el funcionario actuante verifique tanto la capacidad exigida por la ley objetivamente como el juicio o capacidad natural. De allí que se hable del «juicio de capacidad»; en efecto, señala NIETO ALONSO, Antonia: «Capacidad del menor de edad en el orden patrimonial civil y alcance de la intervención de sus representantes legales». En: *Revista de Derecho Civil*. Vol. III, N° 3. Madrid, 2016, http://nreg.es/ojs/index.php/RDC, p. 15, «el notario tiene una posición privilegiada para realizar tal juicio de capacidad en los actos y contratos que documenta». Para GÓMEZ TABOADA, Jesús: «Capacidad del otorgante y vicios del consentimiento: breves consideraciones desde la perspectiva notarial». En: *Boletín del Ministerio de Justicia*. N° 2009. Madrid, 2006, p. 1103, «Se trata de una labor en principio jurídica: el compareciente debe tener la capacidad legal exigida por la ley para

por el Derecho según reglas jurídicas abstractas, y que, en casos puntuales, puede que no corresponda con la realidad que vive un sujeto concreto[30].

Como es obvio deducir, el ordenamiento jurídico pone en principio énfasis en la categoría civil a los fines de determinar la capacidad de ejercicio y las eventuales modificaciones de la misma. Sin embargo, ello no llega al grado de negar la relevancia de la capacidad natural, mucho más en la hipótesis de los menores de edad donde ella adquiere especial repercusión a través del nuevo modelo instaurado a raíz de la Convención.

1.3.2. Según su amplitud: plena o limitada

La capacidad plena alude a aquella que comprende todas las relaciones jurídicas de que una persona es titular y, por tanto, no se encuentra restringida[31]. Este sería el caso *verbi gratia* de la que detentan los adultos, como regla general.

Por su parte, la «limitada», «relativa» o «semicapacidad», corresponde a la capacidad de ejercicio que solo se extiende a determinados asuntos o materias, por lo tanto implica que el sujeto posee capacidad para algunos temas y simultáneamente posee incapacidad para otros[32]. Por ejemplo, en el caso del

---

cada negocio jurídico. Pero, una vez comprobado este presupuesto, el fedatario inicia una indagación fáctica: debe cerciorarse de que el otorgante tiene capacidad natural suficiente; es decir, que está en sus cabales y comprende las consecuencias del acto». Véase. Ley del Notariado, de 28 de mayo de 1862, en concordancia con los artículos 156.8. y 167 del Reglamento Notarial (Decreto de 2 de junio de 1944) y Ley 20/2011, de 21 de julio, del Registro Civil (artículo 100).

[30] En todo caso, téngase en cuenta que, según recuerda AGUILAR GORRONDONA: ob. cit. (*Derecho Civil I*...), p. 165, «En general, las incapacidades naturales y civiles coinciden. Sin embargo, dado que la ley dicta siempre normas generales, a veces, ciertas personas afectadas de incapacidad natural no están afectadas de incapacidad civil, y viceversa».

[31] *Cfr.* GETE-ALONSO: ob. cit. (*Cuadernos de teoría*...), p. 80, «La capacidad de obrar plena: permite al sujeto realizar por sí mismo con total eficacia, cualquier acto jurídico que le afecte a su propia esfera». *Vid.* artículos 125, 132, 179 del Código Civil español donde se emplea esta acepción.

[32] Para BONNECASE: ob. cit. (*Tratado elemental*...), p. 166, «Las incapacidades especiales se reducen a la imposibilidad jurídica de las personas afectadas por ellas, de ejecutar válidamente por sí mismo o por sí solas, cierto número de actos».

menor emancipado, se indica que posee una capacidad restringida, pues puede ejercer facultades de administración, mas posee limitaciones de capacidad de ejercicio para algunos actos de disposición[33].

La presente distinción es relevante, ya que, según el sistema que opere en un determinado ordenamiento jurídico, se afirmará que los menores de edad son incapaces plenos –modelo tradicional– o sujetos con capacidad de ejercicio limitada –modelo convencional–[34].

1.3.3. Según el derecho patrimonial: negocial o por hecho ilícito

La «capacidad de ejercicio negocial»[35], «es, en general, la posibilidad o facultad de realizar actos jurídicos con plena validez»[36]. La forma de determinar la

---

[33] BINSTOCK, Hanna: *La emancipación en el Derecho venezolano*. UCV. Caracas, 1971, p. 33 y ss.
[34] PUIG PEÑA: ob. cit. (*Compendio de Derecho…*), t. I. p. 250, en sentido negativo y aludiendo al alcance de los regímenes de protección, comenta que «La doctrina entiende que la diferencia entre la total incapacidad de obrar y la limitación de la misma consiste en que mientras aquí se actúa por sí, con los complementos de capacidad necesarios, el totalmente incapaz de obrar tiene que actuar por medio de representante».
[35] Denominación que ha preferido la doctrina para que incluya tanto a los actos jurídicos bilaterales –contratos–, como a los actos jurídicos unilaterales –por ejemplo la declaración unilateral de voluntad–. Por otra parte, el Código Civil español alude a los términos de «capacidad para obligarse» (artículos 893 y 1828), «capacidad para enajenar» (artículos 1160 y 1935) y «capacidad para contratar» (artículo 1773), su homólogo venezolano: «capacidad para obligarse» (artículo 1172); «capacidad para enajenarla» (artículos 1285, 1890 y 1902); «capacidad para disponer» (artículo 1714). Para MESSINEO: ob. cit. (*Doctrina general…*), pp. 87 y 88, es claro que «No debe confundirse con la capacidad lo que se ha llamado poder de disponer –o poder de disposición–, y que consiste en hecho de que el sujeto está habilitado por la ley para privarse de un bien económico (…) en el sentido de que una cosa es la capacidad de actuar, o sea, la aptitud para estipular por sí un contrato; y otra cosa es el poder de disponer del bien que es materia de contrato. Además, mientras la capacidad de actuar es necesaria para el perfeccionamiento del contrato, el poder de disposición se requiere a los fines de la eficacia del contrato. De esto resulta que, sin capacidad de actuar, el contrato es invalido –anulable–, en tanto que, sin poder de disposición, el contrato es ineficaz».
[36] PUIG PEÑA: ob. cit. (*Introducción al Derecho…*), p. 235. Para RAMOS CHAPARRO: ob. cit. (*La persona y su capacidad…*), p. 278, «En la capacidad negocial, dentro del ámbito

capacidad de ejercicio, en principio, para este supuesto es a través de un criterio objetivo representado por la edad[37].

En el otro extremo, se ubicaría la capacidad de ejercicio que rige para las relaciones surgidas del hecho ilícito[38]. Aquí, el criterio que opera para determinar la capacidad de ejercicio es el discernimiento al momento de desplegar la conducta generadora del ilícito –el cual es un canon subjetivo–, es decir, se establece en atención a que el individuo, al momento de realizar la conducta, haya podido distinguir entre el bien y el mal de sus acciones[39].

---

patrimonial se integran las especie concretas de: capacidad contractual, capacidad para las donaciones, capacidad para la renuncia de derechos y capacidad para la representación voluntaria. Dentro del ámbito sucesorio: la capacidad testamentaria y la capacidad para el cargo de albacea. Finalmente, en el orden familiar –sin entrar en la polémica sobre el carácter negocial de estos actos– se integran las capacidades: esponsalicia, matrimonial, para las capitulaciones, para la adopción y para el acceso a los cargos tutelares».

[37] Así, los mayores de edad son, en principio, capaces –salvo que se vean afectados por una causal modificativa judicialmente de la capacidad–. Por su parte, los menores de 18 años de edad según el modelo tradicional eran incapaces plenos por solamente su edad, tal enfoque comienza a variar con el modelo convencional y como se verá hoy en día en este ámbito negocial tendría una capacidad relativa ponderada según ciertos criterios que fija el legislador.

[38] Denominada también capacidad delictual o de imputación, *cfr.* AGUILAR GORRONDONA: ob. cit. (*Derecho Civil I...*), p. 160.

[39] *Vid.* artículo 1186 del Código Civil venezolano. Para SANTORO PASARELLI, Francesco: *Doctrinas generales del Derecho Civil*. Editorial Revista de Derecho Privado. Trad. A. LUNA SERRANO. Madrid, 1964, p. 17, al comentar el Código Civil italiano de 1942, apunta: «Para el acto ilícito civil y para el acto ilícito penal se exige expresamente en el texto legal 'la capacidad de entender y querer', es decir, el discernimiento, en el momento en que se comete el hecho (artículo 2046 del CC)». *Cfr.* MENDIZÁBAL OSES, Luis: *Introducción al Derecho Correccional de Menores*. Instituto de la Juventud. Madrid, 1974, p. 46, «Concebido el discernimiento, en su consideración subjetiva, como el criterio o recto juicio, en cuanto conduce a la acción voluntariamente ejecutada, es evidente que discernirá, con carácter general, quien distinga el bien o el mal de las acciones humanas». Según RAJMIL, Alicia B. y LLORENS, Luis Rogelio: «Apuntes acerca del régimen de capacidad de las personas humanas en el Código Civil y Comercial de la República Argentina (Ley 26994)». En: *IUS. Revista del Instituto de Ciencias Jurídicas de Puebla*. N° 36. Puebla, 2015, p. 103, «el discernimiento no está supeditado

La relevancia de las anteriores categorías es que las reglas para la determinación de la capacidad negocial establecidas en el Derecho común, se extendieron en razón a su carácter supletorio a todas las demás relaciones jurídicas donde interactuaba la persona –salvo en materias de hecho ilícito y en el Derecho Penal que no permiten la analogía y existían normas especialísimas–. En consecuencia, históricamente, la forma de precisar la capacidad negocial y, para ser más específico, la capacidad contractual, se usó como criterio unificador para todas las relaciones jurídicas donde no existían reglas especiales. No obstante, es evidente que la naturaleza jurídica de una relación patrimonial –como la propiedad o el contrato– es totalmente distinta a un nexo jurídico que involucre un derecho de la personalidad, mas ambos asuntos por mucho tiempo fueron tratados con la misma receta en lo referente a la capacidad de ejercicio, lo cual, recientemente, ha empezado a cambiar.

1.3.4. Según la relación jurídica: patrimonial o extrapatrimonial

Como se apuntó, se ha observado que los cánones tradicionales de precisión de la capacidad de obrar –negocial o contractual–, no responden adecuadamente a las nuevas realidades, ello por ser categorías rígidas y sustentadas en un enfoque fundamentalmente económico. En tal sentido, existen relaciones jurídicas que no pueden encasillarse dentro del mismo régimen que impera para los contratos, surgiendo la necesidad de incorporar en la taxonomía de la capacidad de ejercicio un nuevo tipo representado por la capacidad de ejercicio para las relaciones extrapatrimoniales o personales.

Entonces, para el primer sector, correspondiente a las relaciones de naturaleza marcadamente patrimonial, se aplicarían las reglas sobre capacidad negocial o hecho ilícito, en los términos expuestos en el rótulo anterior. Para el segundo rubro de relaciones personales regirían normas jurídicas especiales para la determinación de capacidad de ejercicio, fundamentalmente modificando el criterio

---

a una edad determinada, sino a la aptitud de cada uno para comprender el acto del que se trate. Varía en cada caso, tanto por las circunstancias y madurez de la persona como por la naturaleza y características propias del acto ante el cual debe manifestarse».

objetivo de los 18 años de edad, para así establecer otras edades que determinen la capacidad –como por ejemplo: 12, 14 o 16–, o igualmente incorporando un criterio subjetivo según nuevos esquemas de determinación –denominado capacidad evolutiva, natural o progresiva–, e incluso recurriendo a fórmulas híbridas, en el cual se pondera una edad atenuada y además la capacidad natural[40].

Dentro de las relaciones de carácter personal se ubicarían áreas muy variadas, como, *exempli gratia*, algunos derechos personalísimos, los derechos de la personalidad y algunos derechos fundamentales que no revisten un carácter eminentemente patrimonial.

1.3.5. Según el Derecho sustantivo o Derecho adjetivo

Así como el Derecho positivo tradicionalmente se puede clasificar entre Derecho sustantivo y Derecho adjetivo, igual razonamiento puede aplicarse para distinguir la capacidad de ejercicio, surgiendo así la capacidad sustantiva y la capacidad procesal[41].

La capacidad de ejercicio sustantiva vendría a ser aquella que opera para las relaciones jurídicas propias del Derecho material. En otras palabras, pertenece a la capacidad que se requiere para ejercer derechos y deberes según las referencias

---

[40] Lo expuesto es evidente para STANZIONE, Pasquale: «Derechos fundamentales del menor y la potestad de los padres». En: *Jurídica, Revista del Colegio de Abogados del Estado Mérida*. N° 13. Mérida, 1981, pp. 79 y 80, quien señala que en «temas de derechos fundamentales, de derechos de la personalidad, en una palabra, de situaciones jurídicas subjetivas existenciales (…) conceder en este campo la titularidad de un derecho sin su ejercicio significa excluir, injustificadamente, a un sujeto de la realización de su personalidad». En efecto, como apunta ROTONDI, Mario: *Instituciones de Derecho Privado*. Editorial Labor. Trad. Francisco F. VILLAVICENCIO. Barcelona, 1953, p. 156, «con ciertos derechos muy elementales, la capacidad de gozar de tales derechos no puede separarse de su efectiva y real pertenencia al sujeto, en cuanto constituyen inalienable patrimonio de éste».

[41] SANTORO PASARELLI: ob. cit. (*Doctrinas generales…*), p. 16, distingue entre una capacidad de obrar sustancial y la capacidad de obrar procesal.

realizadas en los epígrafes anteriores, es decir, la correspondiente a relaciones patrimoniales surgidas del negocio jurídico o del hecho ilícito, así como a las relaciones extrapatrimoniales, entre otras.

El otro criterio, representado por la capacidad procesal, alude a la posibilidad de ejercer los derechos sustantivos pero en el ámbito procedimental, incluyendo tanto la esfera administrativa, judicial y extrajudicial[42].

Entonces, la capacidad procesal[43] es la posibilidad de actuar en el proceso directamente para que a través de manifestaciones de voluntad se produzcan efectos jurídicos que recaigan en el propio patrimonio[44]. En palabras de LOIS ESTÉVEZ:

---

[42] Dentro de esta temática se añaden además otros términos técnicos, como los de «parte» o «legitimación», la distinción es relevante, pues, como indica MONTERO AROCA, Juan: «Síntesis de Derecho Procesal Civil español. Primera parte». En: *Boletín Mexicano de Derecho Comparado*. N° 89. UNAM. México D.F., 1997, pp. 673 y 674, «Una cosa es decir quién puede ser parte y otra determinar quién puede actuar en el proceso»; en efecto, «Hay que distinguir, primero, entre titularidad activa o pasiva de la relación jurídico material que se deduce en el proceso, que se regula por normas de Derecho material, y titularidad de la posición habilitante para formular la pretensión –activa– y para que contra él se formule –pasiva– en condiciones de que sea examinada por el juez en el fondo, que se regula por normas procesales». Complementa MONTERO AROCA, Juan: «Las partes en el proceso de trabajo: capacidad y legitimación». En: *Estudios de Derecho Procesal*. Librería Bosch. Barcelona, 1981, p. 386, «el estudio de la capacidad (…) procesal, nos resuelve el problema de quién puede comparecer y actuar como parte en un proceso indeterminado (…) en abstracto (…) la legitimación se trata de establecer en concreto quién puede ser parte en un proceso determinado».

[43] También conocida como: *legitimatio ad processum*, carácter o personería. *Vid.* LORETO, Luis: *Contribución al estudio de la excepción de inadmisibilidad por falta de cualidad*. Antología Jurídica. Buenos Aires, 1940, pp. 19 y ss. (también en: *Estudios de Derecho Procesal Civil*. UCV. Caracas, 1956, p. 72).

[44] Al respecto comenta PORTILLO ALMERÓN, Carlos: «Breves consideraciones acerca de las partes. Persona físicas y personas jurídicas. Clasificación que hace el Código Civil. La representación y la asistencia según la Ley de Abogados. Jurisprudencia. Comentarios». En: *Jurídica, Revista del Colegio de Abogados del Estado Mérida*. N° 2. Mérida, 1973, pp. 107 y 108, «podemos definir la capacidad procesal como la aptitud para actuar en juicio, ya como parte o también como tercero, pero al mismo tiempo debemos entender que esta legitimación no puede ser confundida con la

La capacidad procesal es correlativa de la capacidad de obrar de que en el Derecho material se habla (…) Capacidad procesal es, pues, la facultad de determinar eficazmente en nombre propio o ajeno, la concreta gestión de un proceso. Es facultad, como impuesta por el legislador, y concreta, porque podría hacerse distinta según la clase de proceso. Su contenido es aportar el elemento volitivo que sirve de soporte a los actos procesales, de modo que se establezca un nexo causal que los haga imputables a la parte[45].

La regla básica para determinar la capacidad procesal depende de la capacidad sustantiva, actuando aquella como reflejo de esta. Así, en aquellos asuntos donde se posea capacidad sustantiva, en igual medida se poseerá capacidad

---

titularidad de la acción o del derecho sustancial que se invoca». *Cfr.* GÓMEZ ORBANEJA, Emilio: *Derecho Procesal Civil*. Vol. I (Parte general – El proceso declarativo ordinario). 8ª, Artes Gráficas y Ediciones. Madrid, 1979, p. 128, «Capacidad procesal o capacidad para comparecer en juicio es la capacidad de poder realizar, como demandante o demandado –o como coadyuvante, tercero excluyente, etc.–, actos procesales, bien por sí mismo, bien mediante un representante nombrado por la propia parte. Corresponde a la capacidad de Derecho Civil para el pleno ejercicio de los derechos, y se determina en el proceso a tenor de ésta». AGUADO, Arturo *et alter*: *Introducción a la nueva Ley de Enjuiciamiento Civil*. J. M. Bosch. Barcelona, 2001, p. 60, «La capacidad procesal es la aptitud específica de las personas o entidades que, teniendo capacidad para ser parte (…) puedan al mismo tiempo realizar los actos procesales con validez y eficacia». WACH, Adolf: *Conferencia sobre la Ordenanza Procesal Civil alemana*. EJEA. Trad. Ernesto KROTOSCHIN. Buenos Aires, 1958, p. 90, «La capacidad procesal es la capacidad de actuar en el proceso, la capacidad de realizar en el proceso actos de voluntad con efecto jurídico (…) No corresponde al sujeto jurídico como tal, sino solo al sujeto capaz de tener una voluntad y, según la naturaleza del proceso, solo al sujeto que puede disponer con respecto al objeto concreto de la controversia». *Cfr.* LUIS LUIS, Marisol: *Protección de los derechos de autor de los niños, niñas y adolescentes*. UCV. Trabajo especial de grado para optar al título de especialista en Derecho de la Niñez y de la Adolescencia. Caracas, 2015, p. 51, «La capacidad de ejercicio recibe el nombre de capacidad procesal, y viene a ser la potestad de toda persona para actuar en el proceso y ejercer los derechos o posibilidades procesales y asumir las cargas procesales que devienen de las normas que tutelan el proceso y de las vicisitudes que ocurren en el mismo».

[45] LOIS ESTÉVEZ, Luis: *Proceso y forma (ensayo de una teoría general del proceso)*. Editorial Porto. Santiago, 1947, p. 79.

procesal. Se puede decir que la capacidad procesal es dependiente de la capacidad de obrar material y por ello sigue la suerte de esta última. Ciertamente, donde se detente capacidad para ejercer los atributos de la relación sustantiva se poseerá equivalentemente capacidad de ejercicio en el ámbito procesal[46].

1.3.6. *Según el régimen de incapaces: representación o asistencia y autorización*

Aquí, más que de una clasificación de capacidad de obrar se está ante los supuestos de semicapacidad o incapacidad de ejercicio[47]. Para tales casos, donde el individuo posee capacidad limitada o se padece de una circunstancia modificativa de su capacidad, se establece un régimen con la finalidad de protegerlo[48].

Los referidos regímenes varían según la amplitud de la limitación de la capacidad de ejercicio[49]. Cuando es extensa, que incluya las relaciones patrimoniales

---

[46] *Vid.* VARELA CÁCERES, Edison Lucio: «La designación de defensores públicos con competencia en materia de protección de niños, niñas y adolescentes y la capacidad procesal». En: *Revista Venezolana de Legislación y Jurisprudencia*. N° 8. Caracas, 2017, pp. 484 y ss.

[47] RAMOS CHAPARRO: ob. cit. (*La persona y su capacidad...*), pp. 284 y 285, comentan que para CARNELUTTI «la incapacidad es un menos y no un opuesto a la capacidad», de allí que «es mucho más correcto hablar de semicapacidad, o, en todo caso, de capacidad limitada, para designar la situación de ciertos menores –emancipados o no–», en efecto «toda categoría negativa de la capacidad supone exactamente una insuficiencia de la misma, pero no, necesariamente, la inexistencia de toda capacidad en el sujeto, y de ahí el vicio interpretativo de la argumentación *a contrario sensu* con las normas que establecen la capacidad plena, pues adjudica a los menores una incapacidad de obrar general de origen puramente especulativo, que ni está establecida por el ordenamiento, ni se sostiene como categoría relevante y útil».

[48] OCHOA GÓMEZ: ob. cit. (*Derecho Civil I: Personas*), p. 230, «En cuanto al régimen de protección, se distingue entre incapaces representados e incapaces asistidos».

[49] Comenta GRATERÓN GARRIDO, Mary Sol: *Derecho Civil I, Personas*. Fondo Editorial USM. Caracas, 2007, p. 173, «Esta forma de protección establecida para los incapaces dependerá de la extensión o del grado de su incapacidad, pudiendo ser mayor o menor, es decir, que existen dos grados diferentes».

y el cuidado de la persona o el autogobierno, se establece un régimen de representación que sustituye al incapaz en las materias o asuntos donde se observa la restricción. Cuando la incapacidad es leve solo para algunos aspectos económicos, la persona actúa conjuntamente con otra que complementa su voluntad para que el acto tenga completa validez, según un régimen de asistencia o autorización.

Finalmente, la delimitación exacta de cada categoría de las antes indicadas dependerá del modelo de capacidad que opere en determinado ordenamiento jurídico, de allí que se requiera desarrollar a continuación dicho aspecto.

2. Los modelos sobre capacidad de ejercicio de los niños y adolescentes

Las reglas sobre capacidad de ejercicio de los niños y adolescentes han evolucionado desde sus antecedentes más remotos en el Derecho romano[50], pasando por la codificación y, por último, implementándose un sistema influenciado por el Derecho internacional. Hoy en día todavía coexisten los dos últimos modelos: uno, en clara retirada y que está representado por el sistema decimonónico o codificado y otro, que surge sutilmente –aunque con suficiente fuerza– a partir de la Convención sobre los Derechos del Niño, que se podría denominar «convencional» aludiendo al instrumento internacional que le sirve de fundamento.

2.1. Modelo tradicional o decimonónico

El Derecho Civil codificado –desde el Código de Napoleón hasta los códigos del siglo xx– ha gozado de cierta uniformidad en materia de capacidad de ejercicio postulando como regla general la incapacidad plena de los menores de edad. Así, en palabras de LARROUMET:

---

[50] Expresa RAVETLLAT BALLESTÉ, Isaac: *Aproximación histórica a la construcción socio-jurídica de la categoría infancia*. Universitat Politècnica de València. Valencia, 2015, pp. 17 y ss. que «en el primitivo Derecho romano se tomaron como elementos esenciales, en orden a otorgar o reconocer a los individuos la aptitud intelectiva y volitiva necesarias para actuar por sí en el trafico jurídico –capacidad natural–, dos fenómenos físicos: la palabra y el completo desarrollo corporal». Por su parte, RAMOS CHAPARRO, Enrique: «Niños y jóvenes en el Derecho Civil Constitucional». En: *Revista Derecho Privado y Constitución*. N° 7. CEPC. Madrid, 1995, pp. 172, recuerda «Los sabinianos eran partidarios de la determinación caso por caso, mientras los proculeyanos defendían las edades de 12 y 14 años –respectivamente, para mujeres y hombres– como comienzo de la *pubertas*, es decir de la etapa del desarrollo en la que empieza lo que hoy llamamos capacidad de obrar. Justiniano consagró la opinión de los proculeyanos».

La incapacidad de ejercicio que afecta al menor es una incapacidad general, en el sentido de que el menor no puede cumplir ningún acto de la vida jurídica (...) Es perfectamente comprensible que la incapacidad del menor sea el principio, ya que toda persona que no ha alcanzado la edad de 18 años es irrefutablemente presumida como débil en su voluntad. Es una regla de fondo, no es una regla de prueba, es decir que no es posible probar lo contrario[51].

Para construir el anterior esquema, fue suficiente con una norma jurídica que fijara la edad en la cual se considera a la persona menor de edad, y otra que indicara quiénes eran incapaces para contratar[52], y con tales disposiciones se

---

[51] LARROUMET: ob. cit. (*Derecho Civil...*), pp. 236, 240 y 241; aunque reconoce el autor francés que el menor de edad «no es incapaz frente a los actos de administración» (p. 250). *Cfr.* BONNECASE: ob. cit. (*Tratado elemental...*), p. 167, «Encontramos en efecto, que cierto número de personas afectadas de incapacidades están en condiciones de ejecutar actos de administración»; SERRANO GÓMEZ, Rocío: «La capacidad negocial del menor adulto». En: *Revista Estudios Socio-Jurídicos*. Vol. 9, N° 1. Universidad del Rosario. Bogotá, 2007, p. 171, «La doctrina francesa coincide en que al incapaz le será válido realizar por sí mismo actos de mera conservación o administración de sus bienes, sean producto de su peculio profesional o no». Comentan RAJMIL y LLORENS: art. cit. («Apuntes acerca...»), p. 91, que «El Código Civil argentino, en la redacción de Dalmacio Vélez Sársfeld, contenía un régimen de capacidad de las personas naturales o visibles el cual se le puede calificar de rígido. Si bien partía de la regla general de capacidad de todas las personas, los declarados incapaces eran privados en forma absoluta del ejercicio de sus derechos; dicha regla se invertía para los menores de edad. Excluidos así de todo protagonismo en el ámbito jurídico, solo podían ejercer sus derechos por medio de sus representantes legales –padres, tutores o curadores–, quienes los sustituían en los actos de la vida civil, con muy escasas excepciones». En resumen, siguiendo a RAVETLLAT BALLESTÉ: ob. cit. (*Aproximación histórica...*), pp. 44 y 45, el Código napoleónico significó un retroceso en relación con el primitivo Derecho romano, pues «La persona menor de edad no podía ejercer ningún derecho privado; su opinión no era en absoluto vinculante, no podía escoger su religión, ni abandonar su domicilio sin la correspondiente autorización paterna. Tan solo podía actuar representado o bien asistido por su tutor y, paradójicamente, si bien estaba incapacitado jurídicamente para actuar por su cuenta, muy pronto se le declaró con responsabilidad penal y civil».

[52] *Vid.* en el Código de Napoleón: «artículo 388.- Es menor la persona de uno y otro sexo que no ha cumplido aún 21 años» y «artículo 1124.- Los incapaces de contratar

introdujo los presupuestos básicos que, a la postre, regían la totalidad de las relaciones jurídicas de las cuales era titular un niño o adolescente –salvo que existiera alguna excepción expresa–.

Ciertamente, al ser el Código Civil un derecho supletorio[53], la regla aplicada al contrato se extendió, sin problemas, a las demás instituciones civiles e incluso a otras ramas del Derecho en las cuales no existían normas jurídicas especiales. Cómo lo subrayó AGUILAR GORRONDONA, al referirse a la anterior técnica legislativa:

> En realidad no existe entre nosotros normas legales expresas que regulen la capacidad negocial en general. Solo existen normas expresas relativas a la capacidad de contratar y otras relativas a la capacidad de celebrar otros negocios jurídicos; pero puede considerarse que las normas sobre capacidad contractual constituyen la regla aplicable a la

---

son: los menores de edad...» (tomado de *Código Napoleón*. Imprenta de la Hija de Ibarra. Madrid, 1809); en Código Civil italiano de 1865: «323.- *La maggiore età e fissata agli ani 21 compiti. Il maggiore d'età è capace di tutti gli atti della vita civile, salvo e eccezioni stabilite da disposizioni speciali*» y «1106.- *Sono incapaci di contrattare nei casi espressi della legge: i minori*...» (tomado de *Codice Civile del Regno D'Italia del 1865*. Editori Fratelli Bocca. Torino, 1922); en el Código Civil español: «artículo 322.- El mayor de edad es capaz para todos los actos de la vida civil, salvo las excepciones establecidas en casos especiales por este Código» y «artículo 1263.- No pueden prestar consentimiento: 1. Los menores no emancipados...» (tomado de *Código Civil*. 2ª, Ariel. Luis PUIG FERRIOL, director. Barcelona, 2001); el Código Civil venezolano vigente se expresa en términos similares al Código italiano (artículos 18 y 1144). Por su parte, OSSORIO: ob. cit. (*Anteproyecto del Código*...), p. 32, proponía: «Artículo 32.- Son personas incapaces de regirse civilmente: 1. Los menores de 21 años...», razonaba al respecto para justificar la norma que: «A los 14 y a los 16 no hay capacidad nunca. Se está en un período de avance en la educación, la cultura y la formación del carácter, pero no es capacidad civil semi-plena ni faculta al mozo, casi niño, a gobernarse en nada»; sin embargo, reconoce la facultad de celebrar contratos de trabajo y de ejercer las acciones correspondientes desde los 16 años (artículo 17) y de contraer matrimonio desde los 14 en los varones y 12 años para las hembras (artículo 147 Nº 4).

[53] *Cfr.* OTÁROLA ESPINOZA, Yasna: «La función supletoria de las normas de Derecho Civil». En: *Revista Chilena de Derecho y Ciencia Política*. Nº 2. Universidad Católica de Temuco. Temuco, 2012, pp. 89 y ss.

capacidad para celebrar todos los negocios jurídicos excepto aquellos para los cuales se haya dictado una norma diferente[54].

En efecto, comenta ROCHA ESPÍNDOLA que «En el pasado, el menor era considerado 'menos que los demás' y, por consiguiente, su intervención y participación, en la vida jurídica y, en la gran mayoría de situaciones que lo afectaban, prácticamente era inexistente o muy reducida»[55].

La situación bosquejada es evidente que estaba bastante lejos de representar un modelo adecuado para los niños y adolescentes que supuestamente protegía y en la realidad se traducía en un mecanismo más pensado, diseñado y operado para guarecer los intereses económicos del *paterfamilias* que solo por vía de consecuencia tutelaba algunos derechos de los menores de edad.

2.1.1. *El criterio objetivo de la edad como elemento clave para determina la capacidad de ejercicio*

Este modelo se centra fundamentalmente en la edad para distinguir si una persona era capaz o incapaz, lo cual no es otra cosa que recurrir a un patrón objetivo. Bajo el anterior esquema, todos los menores de edad son incapaces[56] y los mayores de 18 años son capaces[57].

---

[54] AGUILAR GORRONDONA: ob. cit. (*Derecho Civil I...*), p. 160. Hoy la doctrina piensa totalmente distinto al anterior parecer, pues NIETO ALONSO: art. cit. («Capacidad del menor...»), p. 3, destaca que «En torno a la situación jurídica del menor de edad en nuestro ordenamiento, no existe una disposición que, de modo expreso, declare su incapacidad para actuar válidamente en el orden civil (…) y no cabe derivar esa incapacidad ni del artículo 322 del Código Civil, en el que se establece el límite de edad a partir del cual se es capaz para todos los actos de la vida civil».

[55] ROCHA ESPÍNDOLA: art. cit. («La persona del menor...»), p. 50.

[56] Para ROTONDI: ob. cit. (*Instituciones de Derecho...*), p. 126, lo que ocurre es que «por debajo de cierta edad presume la ley un deficiente desarrollo psíquico, y, por tanto, la incapacidad sin posibilidad de demostración contraria». En palabras de OCHOA GÓMEZ: ob. cit. (*Derecho Civil I: Personas*), p. 223, «Goza de capacidad de ejercicio o de obrar quien se halla en condiciones físicas y mentales de higiene o de salud indispensables para expresar deliberada y conscientemente su voluntad, lo que significa que debe tener capacidad de entender y de querer. Por ello la menor edad, como etapa

Obviamente, además de la edad, que es el criterio modulador que permite distinguir entre los dos grandes sectores en materia de capacidad de ejercicio, el legislador había precisado otras situaciones modificativas de la capacidad de obrar –la salud mental o física y la prodigalidad–, las cuales eran hipótesis taxativas y, por su entidad, afectaban en determinado sentido la posibilidad de manifestar una voluntad libre y responsable.

En todo caso, la edad es la situación cronológica de vida en que se encuentra una persona según la fecha de su nacimiento y el momento con que se hace el cómputo[58]. La misma origina importantes efectos jurídicos, pues, como menciona DOMÍNGUEZ GUILLÉN, «La edad es tenida en cuenta por el Derecho porque éste asocia tal dato objetivo a la posesión de aptitud que cree exigible para realizar determinados actos y negocios»[59]. Así, pues, «el legislador reconoce

---

del desarrollo humano, y las enfermedades mentales son las circunstancias impeditivas o supresivas de la capacidad de ejercicio». Cfr. HUNG VAILLANT: ob. cit. (*Derecho Civil I*), p. 271, «la regla general consiste en que los mayores de edad tienen una capacidad negocial plena para todos los actos y que la regla inversa se aplica a los menores»; GRATERÓN GARRIDO: ob. cit. (*Derecho Civil I...*), pp. 172 y 177, «Los menores de edad tienen una incapacidad negocial general, plena y uniforme debido a su inexperiencia natural», la cual, según la autora citada, «se debe al orden natural de las cosas y no necesita justificarse».

[57] DE COSSÍO CORRAL, Alfonso: *Instituciones de Derecho Civil*. Tomo I. Editorial Alianza Universidad. Madrid, 1975, p. 85, la mayoría de edad «confiere al hombre la plenitud de sus facultades jurídicas y le hace apto para ejercitar cualquier clase de derechos o sumir cualquier género de obligaciones en la forma que considere conveniente».

[58] RAVETLLAT BALLESTÉ, Isaac: «¿Por qué dieciocho años? la mayoría de edad civil en el ordenamiento jurídico civil español». En: *Anales de la Cátedra Francisco Suárez*. Nº 49. Granada, 2015, p. 130, la edad es «entendida como el período de tiempo transcurrido desde el nacimiento hasta el instante en que se la considere». Apunta AGUILAR GORRONDONA, José Luis: *Bases jurídicas de los regímenes aplicables a las personas de edades avanzadas –ensayo de búsqueda–*. Editorial Arte. Caracas, 1981, p. 65, «la edad es un atributo del ser humano viviente cuya naturaleza es exclusivamente cronológica; que se mide en unidades tiempo de las cuales la mayor unidad fundamental suele ser el año y que en la mayoría de los casos es susceptible de ser apreciada con razonable aproximación mediante la observación simple y de ser probada fácil, precisa y fehacientemente».

[59] DOMÍNGUEZ GUILLÉN: art. cit. («Minoridad y mayoridad...»), p. 205.

que la madurez y el discernimiento dependen del hecho involuntario de la edad y que a medida que ésta aumenta y el menor se aproxima a la mayoría la ley le reconoce importantes facultades de actuación jurídica». Entonces, «La edad da testimonio de un proceso de maduración contenido en la secuencia cronológica del transcurso de vida en los sujetos; se trata de un proceso progresivo de desarrollo que el Derecho reconoce. A objeto de evitar un examen particular del caso concreto, el legislador establece una edad estándar en la que en la generalidad de los casos se supone un suficiente desarrollo intelectual»[60].

Así las cosas, el modelo tradicional determina que, en principio, las personas desde su nacimiento hasta cumplidos los 18 años no son plenamente capaces de obrar en la mayoría de los asuntos y, una vez superado el referido rango etario, se alcanza automáticamente la capacidad de ejercicio[61], salvo que opere otra causa que implique una modificación judicial de la capacidad[62].

---

[60] DOMÍNGUEZ GUILLÉN: ob. cit. (*Manual de Derecho Civil I...*), pp. 325 y 334. Igualmente, dentro de los denominados menores de edad, también se establecen distinciones, así, por ejemplo, la Ley Orgánica para la Protección de Niños, Niñas y Adolescentes venezolana, en su artículo 2, efectúa una división entre los niños que comprende a los sujetos desde su concepción hasta los 12 años y los adolescentes que serían los de 12 hasta los 18 años. Estableciendo, asimismo, un principio que en caso de duda se debe presumir el grupo etario inferior, ello claramente con fines proteccionista. El referido principio se encuentra incorporado a la Ley Orgánica de Protección Jurídica del Menor española (artículo 12.4) según la reforma efectuada a través de la Ley 26/2015, de 28 de julio, véase: DOMÍNGUEZ GUILLÉN, María Candelaria y VARELA CÁCERES, Edison Lucio: «Los jóvenes adultos y el Derecho de la Niñez y de la Adolescencia: contraste entre España y Venezuela». En: *Estudio sistemático de la Ley de Protección de la Infancia y la Adolescencia*. Dykinson. F. LLEDÓ YAGÜE, M. PILAR FERRER VANRELL, J. A. TORRES LANA y M. J. ACHÓN BRUÑEN, directores; O. MONJE VALMASEDA, coord. Madrid, 2018 (en imprenta).

[61] Según SANCHO GARGALLO: ob. cit. (*Incapacitación y tutela...*), p. 28, «El Derecho crea la ficción de que estas condiciones de madurez las adquieren todos al llegar a una determinada edad». En efecto, según expresa GRANADILLO C., Víctor Luis: *Tratado elemental de Derecho Civil*. Tomo I. 4ª, Ediciones Magón. Caracas, 1981, p. 43, «a esta edad considera la disposición que el ser ha llegado a la madurez de su discernimiento y que puede saber lo que le convenga o lo que sea bien o mal para su persona o para su patrimonio. El establecimiento de esta edad es caprichoso para las naciones».

[62] Se ha afirmado por RAVETLLAT BALLESTÉ: art. cit. («¿Por qué dieciocho...»), p. 130, que «la mayoría de edad representa, indudablemente, un criterio estándar de certidumbre

Bajo este esquema tradicional, se ha concebido que el hecho de que un determinado sujeto sea menor de 18 años ocasiona que se establezcan instituciones especiales que tutelen a la persona[63]. Al tiempo que se presume que al cumplir los 18 años el sujeto ha adquirido las destrezas básicas que le permitirán ejercer independientemente sus derechos y deberes[64]. Empero, como destaca SANOJO:

> La ley presume que al llegar el hombre a esta edad sus facultades intelectuales se han desarrollado completamente y que por lo mismo es capaz de dirigir su persona y administrar sus bienes sin restricción. Y es tal la imperfección de los medios humanos para hacer un arreglo conveniente y exacto sobre todas las cosas, que en este punto ha sido menester establecer una regla, que considerada en sí no puede menos que parecer absurda: el individuo que en un momento dado es incapaz

---

jurídica radicado sobre una presunción *iuris tantum* de existencia de plena capacidad de obrar, que tan solo puede desvirtuarse por medio de una resolución judicial constitutiva del estado civil de incapacitación».

[63] *Cfr*. LARROUMET: ob. cit. (*Derecho Civil...*), pp. 233 y 234, las incapacidades de ejercicio «tienen como objetivo la protección del incapaz contra la debilidad de su voluntad. Por supuesto, a la vez, se está asegurando la protección de los intereses de sus acreedores y de sus presuntos herederos. Pero lo esencial es la protección de los intereses del incapaz». Por su parte, recuerda STANZIONE: art. cit. («Derechos fundamentales...»), pp. 69 y 70, que en Derecho codificado «el concepto de protección del menor es constantemente entendido en términos prevalentemente patrimoniales (...) En consecuencia, se observan por un lado una menor preocupación por las situaciones personales, y por otro, aflora la sospecha que el interés en la protección de las situaciones personales sirve, en realidad, a cubrir el intento de salvaguardar la integridad del patrimonio familiar». Empero, como se observará más adelante, para RAVETLLAT BALLESTÉ: art. cit. («¿Por qué dieciocho...»), p. 153, las transformaciones legislativas «han puesto de relieve la preocupación o interés creciente que gradual y progresivamente han ido adquiriendo los aspectos personales relacionados con los niños, niñas y adolescentes frente a la tradicional importancia y trascendencia que siempre han exhibido las cuestiones patrimoniales».

[64] DOMÍNGUEZ GUILLÉN: art. cit. («Minoridad y mayoridad...»), p. 205, apunta: «el legislador local presume que al margen de las diferencias particulares entre cada individuo, la edad de 18 constituye tiempo suficiente para que el sujeto cuente con discernimiento necesario para entender la transcendencia de la generalidad de los actos jurídicos».

de ejercer sus derechos, pocos momentos después aparece con plena capacidad, tan solo porque ha sonado ya la hora en que ha cumplido los 21 años (ahora 18). Imposible es al hombre seguir con precisión el progreso que hacen las facultades intelectuales del individuo para irle otorgando derechos en proporción, y ha sido necesario fijar un momento que sirva de línea divisoria entre la época de la casi absoluta incapacidad y la completa capacidad, como si por encanto en aquel instante se le hubiese infundido toda la inteligencia que es necesaria para entrar por sí solo en la corriente de la vida[65] (paréntesis añadido).

En términos más actuales –e igual de acertados–, RAVETLLAT BALLESTÉ recapitula que la fijación del momento en que se alcanza la mayoría de edad es «una decisión arbitraria por definición»[66]. En todo caso, este sistema rígido fue atemperado por medio de la reducción de la edad para algunos supuestos[67].

---

[65] SANOJO, Luis: *Instituciones de Derecho Civil venezolano*. Tomo I. Imprenta Nacional. Caracas, 1873, pp. 302 y 303.

[66] RAVETLLAT BALLESTÉ: art. cit. («¿Por qué dieciocho...»), p. 130. También, VILLAGRASA ALCAIDE, Carlos: «Prólogo» al libro de RAVETLLAT BALLESTÉ: ob. cit. (*Aproximación histórica...*), pp. XI y XII, «el criterio de la mayor edad, para establecer la plena capacidad de obrar, es tan seguro por su generalidad, como inapropiado por su abstracción, ya que nadie puede afirmar que la madurez irrumpa en cada persona el día que cumple 18 años de edad». Por ello VARELA CASTRO, Ignacio: «El interés del menor como derecho subjetivo. Especial referencia a la capacidad para contratar del menor». En: *Boletín del Ministerio de Justicia*. Nº 2189. Madrid, 2016, p. 8, arguye «Pretender someter a todos los menores de edad a las mismas limitaciones en su capacidad de obrar es una opción que evidentemente no se ajusta a la realidad, por lo que las modernas regulaciones, ante tal rígido criterio, han adoptado otro más flexible».

[67] VALLÉS indica sobre el inicio de la mayoría de edad que es «cuestión que es necesario fijar con carácter general por exigencias jurídicas evidentes, como la aplicación del principio de igualdad ante la ley, pese a que el factor individual no se acomoda con facilidad a esta unificación general. Por ello, las legislaciones más evolucionadas compensan la rigidez del criterio uniforme de la mayoría de edad general, en cuanto causa legitimadora de la titularidad potencial para el ejercicio de los derechos propios de las personas adultas, así como para las exigencias de las obligaciones y responsabilidades exigibles en su caso a éstas, con el reconocimiento de diferentes edades para el ejercicio efectivo, personal y directo por el menor, de determinados derechos y obligaciones», citado en ROCHA ESPÍNDOLA: art. cit. («La persona del menor...»), p. 65.

2.1.2. *Argumentos justificadores*

La premisa básica bajo la cual se levanta la arquitectura conceptual del modelo decimonónico lo plasma con nitidez AGUILAR GORRONDONA cuando señala:

> La capacidad de obrar y, en especial, la negocial, no debe reconocerse sino a las personas que tengan cierto grado de desarrollo psíquico y de experiencia vital[68].

Ciertamente, aunque los autores reconocen que tal modelo no es el ideal[69], pues sería mejor determinar la capacidad de ejercicio según el grado real de madurez de la persona –criterio subjetivo–, este último debe ceder en favor de la seguridad jurídica que proporciona el criterio objetivo[70].

Por tanto, lo que se ha tomado en consideración es que con fijar una edad específica, para determinar cuándo se es capaz para ejercer los derechos y cumplir con los deberes válidamente, se eliminan las dificultades de precisar en cada ocasión si se posee madurez, cuál es el grado suficiente en definido supuesto o si el acto ya realizado se efectuó con la aptitud necesaria. Se privilegia, entonces, la seguridad jurídica de los terceros sobre la posibilidad del ejercicio directo de los derechos o el cumplimiento de los deberes. Como afirman DÍEZ-PICAZO y GULLÓN:

---

[68] AGUILAR GORRONDONA: ob. cit. (*Derecho Civil I...*), p. 167.
[69] *Cfr.* AGUILAR GORRONDONA: ob. cit. (*Derecho Civil I...*), p. 167. También, Augusto COMAS en 1895 afirmaba que el reconocer la capacidad de los menores es «una necesidad social para no privarles en absoluto de la vida de relación y salvar lo que pueda ser indispensable a su subsistencia e instrucción», citado en NIETO ALONSO: art. cit. («Capacidad del menor...»), p. 13.
[70] PUIG PEÑA: ob. cit. (*Compendio de Derecho...*), t. I. p. 256, apunta «El sistema de otorgar la capacidad de obrar al cumplir una cierta edad ofrece las ventajas de la fijeza y seguridad propias de toda regla general; pero tiene el inconveniente de no poder adaptarse a los casos particulares en que pueda ser conveniente conceder la capacidad antes de esa edad».

... la edad es tenida en cuenta por el Derecho porque asocia a este dato objetivo la posesión de la aptitud que cree exigible para realizar determinados actos y negocios. En el Código Civil, en su redacción originaria, éste es el sano criterio recto; no hay concesión de una capacidad de obrar en función de la aptitud de cada persona[71].

En síntesis, el recurrir a la mayoría de edad como estándar único permite acceder a un criterio objetivo que es de fácil comprobación[72], además de que el mismo presume que, a partir de cierta edad, el individuo posee el desarrollo adecuado para soportar sobre su patrimonio los efectos de los actos voluntarios que realice. Por otra parte, como se indicó, el criterio objetivo no se encuentra nunca en estado puro, pues generalmente en asuntos personalísimos se establecen excepciones en las cuales se atenúa la edad, fijando para ello otro rango etario, como ocurre con el matrimonio, por mencionar el caso más emblemático[73].

---

[71] Díez-Picazo y Gullón: ob. cit. (*Instituciones de Derecho...*), p. 136. *Cfr.* de Freitas de Gouveia, Edilia: «La noción de capacidad en la doctrina jurídica venezolana». En: *Estudios de Derecho Civil. Libro homenaje a José Luis Aguilar Gorrondona.* Vol. I. TSJ. Fernando Parra Aranguren, editor. Caracas, 2002, p. 331, «En efecto, imaginémonos seguir el progreso intelectual o de discernimiento de cada uno de los individuos que pretenda intervenir en cualquier acto jurídico y así derivar sus eficacias jurídicas. Pues sería muy difícil, estaríamos llenos de contenidos subjetivos y de dudas al momento de realizar el acto en cuestión»; Binstock: ob. cit. (*La emancipación...*), pp. 6 y 10, aunque señala que «el legislador, al regular la capacidad negocial, debe tratar de mantener la correlación de la edad con el grado de madurez alcanzado, esto es, con la aptitud natural; y que ésta es el resultado de un desarrollo gradual que se va operando día a día; es imposible entonces que las disposiciones sobre capacidad negocial sigan paso a paso esa continua transformación», por lo que «el problema de la capacidad no puede quedar sometido estrictamente a las condiciones particulares de cada individuo. Reiteradamente los tratadistas han indicado los insalvables tropiezos que esta pretensión acarrearía, por otra parte, en interés de la seguridad del tráfico, la capacidad de obrar tiene que condicionarse a hechos externos susceptibles de precisa comprobación (...) Entre esos criterios, sin duda, la edad ocupa el primer lugar».

[72] Como indica Gordillo Cañas: ob. cit. (*Capacidad, incapacidades...*), p. 123, «la incapacidad resultante de la edad viene a ser una situación general, fácilmente controlable por cuanto conexa con un dato de fácil verificación».

[73] Aunque tradicionalmente el Derecho de Familia siempre reconoció una edad para la capacidad nupcial inferior a la exigida para la mayoridad, recientes instrumentos

2.1.3. Crítica al enfoque tradicional

Lo descrito implicó en la práctica un efecto perjudicial, ya que originó una visión disminuida del niño o adolescente. Efectivamente, bajo esta óptica se afianzó la idea de que todo menor de edad es un ser que carecía de las condiciones necesarias para cuidar de sus propios intereses, y aunque ello puede tener

> internacionales, así como la doctrina y la jurisprudencia han abogado por la elevación de la edad para equipararla a la mayoría de edad, *vid.* en el Código Civil español: «artículo 46.- No pueden contraer matrimonio: 1. Los menores de edad no emancipados...» (*vid.* Ley 15/2015, de 2 de julio, de la Jurisdicción Voluntaria, Disposición adicional 1.2 que modifica la letra del artículo 48 del Código Civil que regulaba la posibilidad de que el juez dispensa la edad para contraer matrimonio a los menores de edad a partir de los 14 años); en Venezuela véase artículo 46 del Código Civil que fija la edad en 14 para la mujer y 16 para el varón, así como TSJ/SC, sent. N° 1353, de 16-10-14, que a través de una «interpretación constitucional» equipara la edad para ambos géneros en 16 años y recomienda la reforma del Código para elevarla a la mayoría de edad. Por su parte, la Observación General N° 4, sobre la salud y el desarrollo de los adolescentes en el contexto de la Convención sobre los Derechos del Niño (2003), se ha referido especialmente al tema, donde «recomienda firmemente que los Estados Partes examinen y, cuando sea necesario, reformen sus leyes y prácticas para aumentar la edad mínima para el matrimonio, con o sin acuerdo de los padres, a los 18 años tanto para las chicas como para los chicos. El Comité para la Eliminación de la Discriminación contra la Mujer ha hecho una recomendación similar (Observación General N° 21 de 1994)» (párrafo 20). Por su parte, la Recomendación General N° 31 del Comité para la Eliminación de la Discriminación contra la Mujer y Observación General N° 18 del Comité de los Derechos del Niño sobre las prácticas nocivas, adoptadas de manera conjunta (2014), establece: «El matrimonio infantil, también denominado matrimonio a edad temprana, es cualquier matrimonio en el que al menos uno de los contrayentes sea menor de 18 años. La inmensa mayoría de los matrimonios infantiles, tanto de Derecho como de hecho, afectan a las niñas, aunque a veces sus cónyuges también son menores de 18 años. El matrimonio infantil se considera una forma de matrimonio forzoso, ya que no se cuenta con el consentimiento pleno, libre e informado de una de las partes o de ninguna de ellas. Como una cuestión de respeto a las capacidades en evolución del niño y a su autonomía a la hora de tomar decisiones que afectan a su vida, en circunstancias excepcionales se puede permitir el matrimonio de un niño maduro y capaz menor de 18 años, siempre y cuando el niño tenga como mínimo 16 años de edad y tales decisiones las adopte un juez basándose en motivos excepcionales legítimos definidos por la legislación y en pruebas de madurez, sin dejarse influir por la cultura ni la tradición» (párrafo 20, en concordancia con el párrafo 55.f).

cierto fundamento en materia contractual –por su carácter económico–, generó graves desequilibrios en otros órdenes en los cuales bajo la perspectiva del menor de edad «incapaz pleno»[74], se escondieron graves lesiones y abusos evidentes a sus derechos, incluso fundamentales[75].

Posteriormente, la doctrina especializada comenzó a identificar dicho enfoque como propio del paradigma de la «situación irregular», el cual tiene como característica el considerar al niño o adolescente como un «objeto»[76]. Efectivamente, el suponer a todos los menores de 18 años como incapaces únicamente en razón de su edad y para casi todas las relaciones donde podían interactuar era claramente una imagen que dudaba de la verdadera condición de «sujeto de derecho» y con ello les restaba la posibilidad de que pudieran ejercer sus facultades según su verdadero grado de desarrollo[77].

---

[74] AGUILAR GORRONDONA: ob. cit. (*Derecho Civil I...*), p. 171, alude a «incapacidad general, absoluta y uniforme de los menores no emancipados». Cfr. BINSTOCK: ob. cit. (*La emancipación...*), p. 8.

[75] Para DEL MAZO, Carlos Gabriel: «Capacidad y autonomía de la voluntad de las niñas, niños y adolescentes su intervención en los términos de la Ley 26529». En: http://derecho.sociales.uba.ar/files/2014/03/bibliografia-complementaria-resumen-art.-delmazo-capacidad-progresiva-de-los-nna.pdf, p. 4, es claro que «resulta anacrónico seguir sosteniendo un régimen que rotula a los niños y adolescentes como incapaces, en lugar de considerarlos sujetos de derechos con capacidad progresiva, que necesitan en razón de su natural vulnerabilidad, de un régimen de representación y posteriormente de asistencia, ampliando progresivamente su ámbito de decisión hasta llegar a la mayoría de edad». En efecto, GORDILLO CAÑAS: ob. cit. (*Capacidad, incapacidades...*), pp. 63 y 64, habla de que tal modelo presenta «desajustes», como en «los actos realizados por menores de edad con discernimiento suficiente», para lo cual la doctrina comenzó a germinar «la posibilidad de una no plena incapacidad, sino, más bien, a una capacidad limitada en la medida exigida por la protección del menor».

[76] Comenta VAAMONDE, María Alejandra: *La capacidad procesal de niños, niñas y adolescentes para accionar ante los organos de justicia*. UCAB. Trabajo especial de grado de especialista en Derecho de Familia y del Niño. Caracas, 2009, p. 83, «esa consideración del menor de edad como incapaz general, fue uno de los principales asideros de la doctrina de la situación irregular para considerarlos como objetos que tenían que ser 'protegidos' a través de un tratamiento inspirado en la compasión y la represión, impidiéndole el goce pleno y efectivo de sus derechos y garantías».

[77] En palabras de STANZIONE: art. cit. («Derechos fundamentales...»), p. 77, «En realidad, hasta que no se admita que el menor, con base en los principios constitucionales,

Tal pensamiento en la práctica se mantiene hoy en día en algún sector, lo cual no es resultado de los sistemas jurídicos –ya que ellos, en casi su totalidad, han sido adecuados al paradigma de protección integral–, sino peor aún, obedece a esquemas mentales de los operadores jurídicos, que en varios casos, a la fecha, no han logrado abandonar completamente la visión de la situación irregular –aunque su Estado ha ratificado la Convención sobre los Derechos del Niño y adecuado su legislación interna–, y por ello siguen actuando según los viejos prejuicios[78].

En relación con el vetusto modelo, FERRAJOLI apunta, con certitud, que la tradición jurídica considera que «estando los niños privados de capacidad de actuar, siempre han sido tratados, y antes de ello incluso pensados, mucho más como objetos que como sujetos de derechos»[79]. La anterior visión es superada a través de la Convención sobre los Derechos del Niño que parte de

---

es persona del mismo rango que los demás, no podrá haber verdadero respeto y tutela de su dignidad ni promoción de su desarrollo».

[78] Así lo destacan de pasada, RAJMIL y LLORENS: art. cit. («Apuntes acerca…»), pp. 101 y 102, «La autonomía progresiva de la persona menor de edad para el ejercicio de sus derechos, así como su derecho a ser oído y a que su opinión sea tenida en cuenta, parecen ubicarse entre los temas que más impactan, y quizás más dudas y temores generan en el ámbito notarial, ante el profundo cambio jurídico al que asistimos. Persiste en nuestro medio una solapada reticencia a reconocer, sin reparos, la participación del menor de edad en los actos notariales que involucren sus intereses».

[79] FERRAJOLI, Luigi: «Prefacio». En: *Infancia, ley y democracia en América Latina*. Tomo I. 2ª, Temis. Emilio GARCÍA MÉNDEZ y Mary BELOFF, compiladores. Bogotá, 1999, p. XV. En efecto, apunta ROCHA ESPÍNDOLA: art. cit. («La persona del menor…»), p. 48, que «las transformaciones sociales y culturales operadas en nuestra sociedad han provocado un gran cambio en la consideración de la infancia por la colectividad, lo que ha tenido un reflejo en el *status* jurídico de los niños que han pasado de ser considerados meros incapaces a verse reconocidos como auténticos titulares de derechos con una capacidad progresiva para ejercerlos. De esta forma, se abre paso a una concepción de los menores de edad como sujetos activos, participativos y creativos, con capacidad de modificar su propio medio personal y social, con el objeto de satisfacer sus propias necesidades. En consecuencia, la protección de la infancia aparece ahora ligada a la necesidad de promover la autonomía de los menores como sujetos, en cuanto no debe existir una diferencia tajante entre las necesidades de protección y la progresiva autonomía personal del niño».

considerar al niño como verdadero sujeto de derecho que disfruta de los mismos derechos fundamentales que un adulto y que los ejerce directamente en la medida de sus posibilidades, lo cual demanda un cambio esencial en los esquemas sobre capacidad de ejercicio[80]. Entonces, como sostiene CASTILLO:

> A la luz de la doctrina de protección integral, considerar a niños, niñas y adolescentes como personas carentes de toda racionalidad, que es el equivalente de calificarlos incapaces plenos y absolutos legalmente, es incoherente e incompatible con los descubrimientos efectuados y alcanzados por las ciencias auxiliares del Derecho, como son la psiquiatría, la psicología y la pedagogía, cuyos principales planteamientos consisten en afirmar que a medida que el ser humano crece y se desarrolla como persona, adquiere progresivamente capacidad para tomar sus propias decisiones y ejecutar acciones con base en ellas[81].

2.2. Modelo convencional o moderno

Por su parte, este prototipo tiene un soporte directo en la Convención sobre los Derechos del Niño, instrumento que representó un verdadero giro copérnico en lo referente al Derecho de la Niñez y de la Adolescencia[82]. Ciertamente,

---

[80] Sostienen RAJMIL y LLORENS: art. cit. («Apuntes acerca...»), pp. 91 y 92, «La Convención Internacional sobre los Derechos del Niño incorporó en el Derecho argentino el concepto de autonomía progresiva para el ejercicio de los derechos, de acuerdo con la evolución de las facultades del niño, en oposición al rígido sistema de incapacidad tabulada por la edad».

[81] CASTILLO, Yumildre: «Capacidad jurídica procesal de los niños, niñas y adolescentes. Especial referencia a la prueba de testigos». En: *Cuarto año de vigencia de la Ley Orgánica para la Protección del Niño y del Adolescente. V Jornadas sobre la LOPNA*. UCAB. Cristóbal CORNIELES y María G. MORAIS, coords. Caracas, 2004, p. 89.

[82] *Vid.* GARCÍA MÉNDEZ, Emilio: «Infancia, ley y democracia: una cuestión de justicia». En: *Infancia, ley y democracia en América Latina*. Tomo I. 2ª, Temis. Emilio GARCÍA MÉNDEZ y Mary BELOFF, compiladores. Bogotá, 1999, p. 16, donde comenta que el cambio de paradigma de la situación irregular a la protección integral tiene el «carácter de revolución copernicana». Para RAVETLLAT BALLESTÉ: ob. cit. (*Aproximación histórica...*), p. 64, la Convención «representó un claro punto de inflexión positivo en el tratamiento legal irrogado a la infancia y la adolescencia». *Cfr*. VILLAGRASA ALCAIDE,

desde el punto de vista cuantitativo, su preámbulo y los 54 artículos que la componen superan con creces a la antecesora Declaración de Derechos del Niño adoptada en 1959, que solo contaba con diez principios. Además, es común mencionar el hecho de que es el texto internacional con mayor número de ratificaciones, suceso que no es de poca relevancia, pues evidencia un interés unánime de los Estados de enfocar el tema de la niñez como uno de los más importantes en el concierto universal. A su vez, genera como efecto práctico el que se visualice una uniformidad en las formas en que se deben abordar las responsabilidades por parte de las naciones en relación con los derechos fundamentales de la infancia.

Pero, definitivamente, lo más resaltante no son los anteriores aspectos formales, sino el hecho que implicó un evidente cambio de paradigma[83]. En efecto, la Convención sobre los Derechos del Niño –adoptada y abierta para su ratificación en 1989– desarrolla en su contenido una nueva forma de enfocar los derechos de la infancia, partiendo del reconocimiento de los derechos fundamentales para «todos» los niños y adolescentes y no solo para un sector de

---

Carlos: «El derecho de la persona menor de edad: Hacia una disciplina autónoma desde el Derecho Civil». En: *Comentarios acerca de las leyes de reforma del sistema de protección a la infancia y la adolescencia (2016)*. Tirant Lo Blanch. Vicente CABEDO MALLOL e Isaac RAVETLLAT BALLESTÉ, coords. Valencia, 2016, pp. 23 y 24, «la Convención supuso el abandono del tratamiento exclusivo de la infancia, por el ordenamiento jurídico, como objeto de protección, para comenzar a ser considerada como colectivo humano compuesto de personas titulares de derechos subjetivos, innatos y con capacidad de obrar paulatina, de acuerdo a sus condiciones de madurez, y desde su concepción como sujetos de pleno derecho», lo que «marcó el momento de inflexión en la consideración jurídica de la infancia, en el Derecho Civil español». *Cfr.* MONTEJO RIVERO, Jetzabel Mireya: «Menor de edad y capacidad de ejercicio: Reto del Derecho familiar contemporáneo». En: *Revista sobre la Infancia y la Adolescencia*. Nº 2. UPV. Valencia, 2012, p. 24, comenta sobre la Convención que su «preceptiva jurídica enuncia un giro copernicano en el tratamiento que siempre ha recibido la capacidad de los menores de edad».

[83] Para RAJMIL y LLORENS: art. cit. («Apuntes acerca…»), p. 102, «La Convención sobre los Derechos del Niño significó un cambio sustancial en la consideración de la condición jurídica de la infancia, ya que reconoció a los niños, niñas y adolescentes como sujetos plenos de derechos, no solo en su titularidad sino también en su ejercicio».

ellos en «situación irregular», tal iniciativa estuvo acompañada de movimientos sociales en los diversos continentes que apoyaron su adopción y la puesta en práctica del modelo de la «protección integral», para así transformar la realidad infanto-juvenil.

Así, por ejemplo, España ratificó la Convención en 1990 –con vigencia a partir del 5 de enero de 1991– y adecuó su ordenamiento interno, en principio, por medio de la Ley Orgánica 1/1996 de Protección Jurídica del Menor, de modificación parcial del Código Civil y de la Ley de Enjuiciamiento Civil –denominada también «Ley Orgánica de Protección Jurídica del Menor»–[84], y desde ese momento continuó con diversas reformas legislativas que tienen como guía los principios de la Convención sobre los Derechos del Niño[85].

Por su parte, Venezuela hizo lo propio también en 1990 ratificando la Convención[86], y ajustando su Derecho interno a través de la Ley Orgánica para la Protección del Niño y del Adolescente de 1998[87], después de un apresurado proceso legislativo lleno de presiones por parte de las organizaciones sociales involucradas en el tema de la infancia que lograron su objetivo de contar con un texto que prosiguiera, en su espíritu, los preceptos del instrumento internacional[88].

---

[84] *Vid.* en la Exposición de motivos de la Ley Orgánica 1/1996, donde se indica que la ratificación de la Convención sobre los Derechos del Niño «marca el inicio de una nueva filosofía en relación con el menor, basada en un mayor reconocimiento del papel que éste desempeña en la sociedad y en la exigencia de un mayor protagonismo para el mismo».

[85] Su últimas reformas ocurrieron a través de la Ley Orgánica 8/2015, de 22 de julio, de Modificación del Sistema de Protección a la Infancia y a la Adolescencia, *BOE* N° 175, del 23-07-15 y la Ley 26/2015, de 28 de julio, de Modificación del Sistema de Protección a la Infancia y a la Adolescencia, *BOE* N° 180, del 29-07-15.

[86] *Vid. Gaceta Oficial de la República de Venezuela* N° 34541, del 29-08-90.

[87] El referido texto legal fue publicado en la *Gaceta Oficial de la República de Venezuela* N° 5266 extraordinario, del 02-10-98, entrando en vigencia el 01-04-00; fue reformado según *Gaceta Oficial de la República Bolivariana de Venezuela* N° 5859 extraordinario, del 10-12-07, pasando a denominarse: «Ley Orgánica para la Protección de Niños, Niñas y Adolescentes», y posteriormente según *Gaceta Oficial de la República Bolivariana de Venezuela* N° 6185 extraordinario, del 08-06-15.

[88] *Vid.* MORAIS DE GUERRERO, María Gracia y SERRANO, Carla: «Comentario al proceso de reforma legislativa en Venezuela». En: *Infancia, ley y democracia en América Latina*.

Es verdad que lo anterior, si bien representó un paso firme en el camino hacia la consolidación de un verdadero estatuto de derechos para la niñez y la adolescencia, no ha logrado por sí mismo transformar todo el panorama que existía previo a la Convención sobre los Derechos del Niño, pues es evidente que los esquemas mentales de los operadores no cambiaron de un día para otro[89], por la mera suscripción de texto; además, las falencias estructurales de los servicios y de los entes de atención de la infancia no mejoraron inmediatamente, mas, como se dijo, fue un gran comienzo, el más relevante, pues los

---

Tomo II. 2ª, Temis. Emilio GARCÍA MÉNDEZ y Mary BELOFF, compiladores. Bogotá, 1999, pp. 1417 y ss.

[89] Así, MORETÓN SANZ, María Fernanda: «El ejercicio de los derechos de ciudadanía y de la personalidad por los menores de edad: Análisis particular del reconocimiento de la situación de dependencia en España». En: *Revista sobre la Infancia y la Adolescencia*. N° 1. Valencia, 2011, pp. 58 y 59, aunque parte de que «se impone la necesaria interpretación restrictiva sobre cualquier limitación que afecte a los derechos de los menores, tal y como preceptúa el artículo 2.2», al analizar el ejercicio de los derechos fundamentales y los de la personalidad de los niños y adolescentes plantea limitaciones que no se desprende de la normativa como por ejemplo: «habiendo convenido la doctrina en que por debajo de la frontera de los 12 años, en principio, carecerá de condiciones suficientes como para materializar por sí los derechos de los que es titular». Esta afirmación, aunque sutil, es una involución, que se estanca en el modelo objetivo, pues lo que se plantea con la capacidad natural es que se analice caso por caso si se poseen las condiciones de madurez necesarias para actuar directamente, sin que se fije a rajatabla un canon objetivo, pues un niño de 11 años puede perfectamente ejercer directamente muchos de sus derechos fundamentales, lo cual únicamente se precisará al evaluar la capacidad evolutiva del niño. Por lo indicado, la Observación General N° 20, «recomienda a los Estados que adopten límites mínimos de edad legal, compatibles con el derecho a la protección, el principio de interés superior y el respeto del desarrollo evolutivo del adolescente. Por ejemplo, los límites de edad deben reconocer el derecho a adoptar decisiones en relación con los servicios y tratamientos sanitarios, el asentimiento a la adopción, el cambio de nombre y las solicitudes presentadas a los tribunales de familia» pero sin olvidar que «En todos los casos debe también reconocerse el derecho a asentir y denegar consentimiento que asiste al niño que, sin haber alcanzado esa edad mínima, muestre discernimiento suficiente» (párrafo 39). Ciertamente, los límites de edad no son cerrados, sino fundamentalmente orientadores, facilitan la prueba de la capacidad natural, pero no la sustituyen como criterio único y excluyente, pues la línea etaria puede franquearse si se demuestra en el caso concreto que se posee la capacidad natural necesaria para el ejercicio efectivo del derecho.

nuevos textos legislativos, junto a la Convención, personificaron un cambio de enfoque, fundamentalmente en un ámbito que no puede minimizarse, y es que hoy en día el Estado, la sociedad, la familia y en especial los niños y adolescentes, en su gran mayoría, están conscientes de que estos últimos poseen derechos que los asisten y les pertenecen, los cuales reclaman en diversos escenarios[90]. Se podría decir que el menor de edad se ha empoderado[91].

---

[90] *Vid.* artículo 42 de la Convención sobre los Derechos del Niño y la Observación General N° 1, sobre los propósitos de la educación (2001), en donde se establece que divulgar ampliamente el texto de la Convención, «facilitará también el papel de los niños como promotores y defensores de los derechos de la infancia en su vida diaria» (párrafo 20).

[91] Como comenta GUILLÓ JIMÉNEZ, Juan: «Políticas de infancia», material digital del Máster en Derecho de Familia e Infancia. Universitat de Barcelona. Barcelona, 2016, pp. 20 y 21, los principios de la Convención sobre los Derechos del Niño permite incorporar como componentes de la programación de los derechos del niño la información y el conocimiento, los cuales persiguen «Facilitar el acceso y la comprensión de los derechos del niño y la niña a los propios niños y niñas, a sus comunidades y a los principales garantes del cumplimiento de dichos derechos, incluyendo al Gobierno», es decir, «Los agentes del desarrollo deben empoderar a los sujetos de derechos para que reclamen sus derechos y participen en la toma pública de decisiones»; o como indican GARCÍA MÉNDEZ, Emilio y BELOFF, Mary: «Nota a la segunda edición». En: *Infancia, ley y democracia en América Latina*. Tomo I. 2ª, Temis. Emilio GARCÍA MÉNDEZ y Mary BELOFF, compiladores. Bogotá, 1999, p. XI, se reclama «una perspectiva para la cual la realización de los derechos fundamentales de la infancia sea entendida en clave realmente emancipatoria y no proteccionista-compasiva». La Observación General N° 5, sobre medidas generales de aplicación de la Convención sobre los Derechos del Niño (2003), establece «ha cambiado la percepción que se tiene del lugar del niño en la sociedad, que se está dispuesto a dar mayor prioridad política a los niños y que se está cobrando mayor conciencia de las repercusiones que la buena gestión de los asuntos públicos tiene sobre los niños y sobre sus derechos humanos» (párrafo 10). La Observación General N° 14, sobre el derecho del niño a que su interés superior sea una consideración primordial (2013), establece: «Puede haber situaciones en las que factores de 'protección' que afectan al niño –que pueden implicar, por ejemplo, limitaciones o restricciones de derechos– hayan de valorarse en relación con medidas de 'empoderamiento' –que implican el ejercicio pleno de los derechos sin restricciones–. En esas situaciones, la edad y madurez del niño deben guiar la ponderación de los elementos. Debe tenerse en cuenta el desarrollo físico, emocional, cognitivo y social del niño para evaluar su nivel de madurez» (párrafo 83).

Lo anterior ha sembrado la inquietud de aclarar si tal empoderamiento se debe en gran parte a que la Convención sobre los Derechos del Niño sutilmente introduce nuevos criterios que invitan a respetar cada vez más la autonomía del niño, según su desarrollo y su edad, lo que, a su vez, tiene una implicancia en las reglas sobre capacidad de ejercicio de los menores de edad[92].

2.2.1. Normas y principios relacionados con en el ejercicio directo de los derechos por parte de los niños y adolescentes en la Convención sobre los Derechos del Niño

Lo primero a advertir es que de una lectura desprevenida o irreflexiva del texto de la Convención sobre los Derechos del Niño cualquiera pudiera pensar de que la misma carece de normas que hagan referencia directa al tema de la «capacidad de ejercicio» por parte de los niños o adolescentes[93].

Empero, corresponde puntualizar que ello ocurre en razón de que dicho aspecto es un asunto escabroso que era –y continúa siendo– difícil de sortear y, por tal motivo, los redactores no lo incorporaron textualmente[94]. Con tal

---

[92] No está de más recordar las palabras de VILLAGRASA ALCAIDE quien apuntó que «El gran desafío actual de la Convención sobre los Derechos del Niño es el reconocimiento de los niños, niñas y adolescentes, como sujetos de pleno derecho, con personalidad propia y necesidades individuales, y con derecho a tomar parte en las decisiones que le conciernen», citado en ROCHA ESPÍNDOLA: art. cit. («La persona del menor…»), p. 67. En palabras de VARELA CASTRO: art. cit. («El interés del menor…»), p. 17, «comprendemos que la protección del menor solo se puede conseguir considerándole como un sujeto activo, lo que se traduce en un reconocimiento cada vez mayor de su autonomía, permitiéndole participar en los asuntos que le conciernen».

[93] Así lo ha plasmado HUNG VAILLANT: ob. cit. (*Derecho Civil I*), p. 290, «En parte alguna de la Convención sobre los Derechos del Niño encontramos normas que directa o indirectamente exijan o recomienden a los Estados que sean parte de la Convención, que acojan en su legislación interna disposiciones que reconozcan capacidad negocial o procesal a niños o adolescentes».

[94] Tal fenómeno se observó igualmente en la Convención sobre los Derechos de las Personas con Discapacidad de 2006, así lo comenta PEREÑA VICENTE, Montserrat: «La Convención de Naciones Unidas y la nueva visión de la capacidad jurídica». En: *IUS*.

proceder, se garantizó que el instrumento fuera suscrito por el mayor número de Estados[95]. Lo puntualizado no significa que se haya sacrificado tal aspecto dentro del nuevo modelo de la infancia, pues del análisis atento del texto se visualizan fórmulas sutiles que en su contenido implican una referencia cristalina al ejercicio directo de los derechos por parte de los menores de edad, lo cual no es otra cosa que recurrir, si se quiere, a un eufemismo para aludir a aspectos vinculados con la capacidad de obrar de los niños o adolescentes.

Por otra parte, el reconocimiento de la capacidad de ejercicio en los menores de edad es difícil de plasmar a través de reglas generales[96], ya que implicaría

---

Revista del Instituto de Ciencias Jurídicas de Puebla. Vol. IV, N° 26. Puebla, 2010, p. 73, en relación con el artículo 12 de dicho texto internacional: «Este precepto fue uno de los más complicados de consensuar para la redacción de la Convención, entre otras cosas por las diferencias terminológicas, que implican también diferencias conceptuales, entre las legislaciones de los diferentes Estados. Así, vemos que no hay referencia alguna a la capacidad de obrar del Derecho español pero esto no significa que desaparezca. En la Convención, la capacidad de obrar es lo que se denomina 'ejercicio de la capacidad jurídica'».

[95] En este punto es conveniente referir la opinión de RAVETLLAT BALLESTÉ: ob. cit. (*Aproximación histórica...*), p. 80, sobre el proceso de ratificación casi absoluto: «el que los Estados hayan asumido con tanta naturalidad los mandatos contenidos en este Tratado internacional obedece, sin lugar a dudas, a que sus preceptos están redactados de una forma abierta, amplia e incluso ambigua que si bien es cierto permiten su fácil adaptación a las diferentes realidades o contextos en que deben ser aplicados, también denota una cierta percepción de que nos hallamos ante disposiciones con un ligero carácter programático, en otras palabras, que comprometen en bien poco a los Estados que las han asumido como propias».

[96] PARRA ARANGUREN, Gonzalo: «La tarea complementaria de la Convención de Naciones Unidas sobre los Derechos del Niño realizada por las Convenciones de la Conferencia de La Haya de Derecho Internacional Privado». En: *Revista de la Facultad de Ciencias Jurídicas y Políticas*. N° 106. UCV. Caracas, 1998, p. 56, comenta «la Convención de la Naciones Unidas fue concebida como un marco general». Ahora bien, BIDART CAMPOS, Germán J.: *La interpretación del sistema de derechos humanos*. EDIAR. Buenos Aires, 1994, p. 191, destaca que si bien la Convención es un cuerpo normativo que posee algunas normas programáticas y por tanto requieren de una complementación ello trae aparejado unas consecuencias: «la Convención debe cumplirse (…) hay una obligación del Estado a cargo de los órganos del poder competentes, que consiste en dictar las normas reglamentarias de las normas programáticas

normar un grupo etario bastante diverso a lo interno, pues es evidente que la fórmula para el que posee dos años de edad no será compatible con la que requiera el que tenga 16 años de edad, por citar un caso[97]. Por lo indicado, la Convención sobre los Derechos del Niño gira alrededor de dos ideas medulares: protección y autonomía, que ponderadas aisladamente parecieran ser antagónicas, pero aplicadas a una realidad concreta resultan una fórmula acabada y cónsona con los postulados de la doctrina de la protección integral.

---

y en adoptar las medidas que resulten necesarias para que esas normas no queden impedidas de aplicación», de existir mora «son los tribunales judiciales los que, en los procesos a su cargo, deben remediar la omisión en cuanto esté a su alcance suplir, en cada caso, la ausencia de las normas internas reglamentarias o las medidas ausentes, para –ese modo– evitar que la efectividad de los derechos formulados en normas programática se frustren»; en todo caso, recuerda el autor citado, «en tratados sobre derechos humanos como es la Convención, siempre recomendamos que para su interpretación y aplicación hay que partir de la presunción de que sus normas son operativas, lo que significa que resultan directa y automáticamente aplicativas, por lo que los derechos se hacen ejercitables por el solo hecho de constar en una norma operativa». En tal sentido, Ravetllat Ballesté: ob. cit. (*Aproximación histórica...*), p. 64, la considera «como una verdadera constitución o estatuto de la infancia y la adolescencia (...) parámetro o guía imprescindible para acometer el análisis de cualquier tipo de norma, nacional o internacional, que incida de manera directa o indirecta en los derechos de la niñez». Sobre la distinción entre normas operativas y programáticas véase nuestro opúsculo: «El principio de unidad de filiación». En: *Revista Venezolana de Legislación y Jurisprudencia*. N° 2. Caracas, 2013, pp. 182 y ss.

[97] Ciertamente, el Comité de los Derechos del Niño ha elaborado «observaciones» especializadas como *verbi gratia*. N° 7, sobre la realización de los derechos del niño en la primera infancia (2005) o la N° 20, sobre la efectividad de los derechos del niño durante la adolescencia (2016), siendo que esta última indica: «Si bien la Convención reconoce los derechos de todas las personas menores de 18 años, para hacer efectivos esos derechos se deben tener en cuenta el desarrollo del niño y la evolución de sus capacidades. Los enfoques adoptados para garantizar el ejercicio de los derechos de los adolescentes difieren significativamente de los adoptados para los niños más pequeños». Por su parte, la Observación General N° 4, sobre la salud y el desarrollo, se ha referido especialmente a la adolescencia como el «periodo caracterizado por rápidos cambios físicos, cognoscitivos y sociales, incluida la madurez sexual y reproductiva; la adquisición gradual de la capacidad para asumir comportamientos y funciones de adultos, que implican nuevas obligaciones y exigen nuevos conocimientos teóricos y prácticos» (párrafo 2), y la Observación General N° 15, sobre el derecho del niño al disfrute del más alto nivel posible de salud (2013), señala: «La infancia es un

Así, por ejemplo, pudiera pensarse que frases como: «la infancia tiene derecho a cuidados y asistencia especiales», «debe recibir la protección y asistencia necesarias», «la necesidad de proporcionar al niño una protección especial», «por su falta de madurez física y mental, necesita protección y cuidados especiales» o «la importancia de las tradiciones y los valores culturales de cada pueblo para la protección» aluden a un sujeto incapaz; por su parte, expresiones como: «promover el progreso social», «asumir plenamente sus responsabilidades dentro de la comunidad», «el pleno y armonioso desarrollo de su personalidad», «el niño debe estar plenamente preparado para una vida independiente en sociedad», «el desarrollo armonioso del niño» se relacionan más con un individuo con capacidad de ejercicio y, sin embargo, todos los textos entrecomillados han sido extraídos del Preámbulo de la Convención sobre los Derechos del Niño.

Entonces, para poder comprender lo expuesto hay que comenzar por entender que el modelo de la protección integral parte de que la mejor forma de lograr la consolidación y el respeto de los derechos de todos los niños es a través de

---

período de crecimiento constante que va del parto y la lactancia a la edad preescolar y la adolescencia. Cada fase reviste importancia en la medida en que comporta cambios diversos en el desarrollo físico, psicológico, emocional y social, así como en las expectativas y las normas. Las etapas del desarrollo del niño son acumulativas; cada una repercute en las etapas ulteriores e influye en la salud, el potencial, los riesgos y las oportunidades del niño» (párrafo 20). Entonces, según comentan DÍEZ-PICAZO y GULLÓN: ob. cit. (*Instituciones de Derecho...*), p. 136, «La edad es tenida en cuenta por el ordenamiento jurídico en tanto que la evolución de la vida humana entraña la aparición de cambios importantes en la persona, que repercuten en su capacidad de obrar. La capacidad de entender y, por tanto, la de querer conscientemente, esencial para obrar, no es la misma evidentemente en la infancia que en la juventud o madurez». Incluso, AGUILAR GORRONDONA: ob. cit. (*Bases jurídicas...*), p. 68, reconoce que la adolescencia «tampoco está en función exclusiva del tiempo, razón por la cual su inicio y terminación no puede expresarse en un número preciso y exacto de años u otras unidades de tiempo sino, como decíamos, a manera de simple aproximación válida solo como guía, índole de probabilidad, fundamento de una presunción, o artificio legítimo y útil para que a ciertos efectos se pueda cuantificar en la materia. Pero, de resto, lo cierto es que el inicio y fin de la adolescencia no guarda una correlación perfecta con 'edades cronológicas'».

que ellos mismos se involucren directamente en el ejercicio de sus derechos[98], según su desarrollo y la evolución de sus aptitudes y que, a su vez, los demás operadores del sistema de la infancia –familia, sociedad y Estado– se conviertan en promotores de estos derechos facilitando el ejercicio directo por los propios niños y adolescentes en la medida que ello sea posible de manera concreta.

Una vez internalizada la referida premisa, la relectura de la Convención sobre los Derechos del Niño, sus Protocolos Facultativos y las Observaciones Generales que la interpreta, permite deslumbrar claramente unos principios que abogan en favor del reconocimiento de un nuevo esquema de capacidad de ejercicio para los menores de edad, principalmente en lo relacionado a sus derechos fundamentales[99].

Pues, como subrayan RAJMIL y LLORENS, «El concepto de autonomía progresiva para el ejercicio de derechos configura el mayor impacto de la Convención sobre los Derechos del Niño en el régimen jurídico tradicional de minoridad, pues reconoce a los niños, niñas y adolescentes el ejercicio de sus

---

[98] En palabras de PICONTÓ NOVALES, Teresa: «Fisuras en la protección de los derechos de la infancia». En: *Cuadernos Electrónicos de Filosofía del Derecho*. Nº 33. Valencia, 2016, p. 139, «Del amplio reconocimiento que otorga la Convención de 1989 a los derechos del niño se empieza a dibujar el perfil de un menor y sobre todo de un adolescente árbitro de su propia vida, en condiciones de hacer valer sus propias elecciones y de ver garantizado su interés en las posibles confrontaciones con otros intereses».

[99] Así la «Exposición de motivos» de la Ley Orgánica para la Protección del Niño y del Adolescente de 1998, señalaba: «La Convención nos coloca frente a un cambio paradigmático que plantea una nueva forma de convivencia social, que reconoce a los niños y adolescentes como un sector fundamental de la población que debe recibir del adulto toda la atención necesaria para su pleno desarrollo, a la vez que se le garantiza el derecho a participar activamente en todo lo que le concierne». Por su parte, GUZMÁN FLUJA, Vicente Carlos y CASTELLEJO MANZANARES, Raquel: *Los derechos procesales del menor de edad en el ámbito del proceso civil*. Ministerio del Trabajo y Asuntos Sociales. Madrid, 2000, p. 11, indica: «Uno de los rasgos más innovadores de la Convención es la introducción de la dimensión del desarrollo evolutivo en el ejercicio de los derechos de los niños: considera a los menores de edad como sujetos con una capacidad de discernimiento progresivo que justifica correlativamente un ejercicio progresivo de sus derechos y obligaciones, con unas necesidades de autonomía en determinados ámbitos y de libre desarrollo de su personalidad».

derechos conforme a otras pautas más flexibles –no solo la edad– que se vinculan con su madurez y desarrollo»[100]. En efecto, para DEL MAZO, «la autonomía progresiva implica la asunción por los niños, niñas y adolescentes, de roles o funciones, conforme a su desarrollo y madurez lo cual, como puede advertirse con facilidad, es absolutamente contrario al sistema rígido y cerrado del Código Civil»[101].

2.2.1.1. La capacidad evolutiva en la Convención sobre los Derechos del Niño

En lo que respecta a la Convención sobre los Derechos del Niño, se observa que el artículo 5, al momento de establecer las obligaciones de los Estados Partes en relación con las funciones que despliegan los padres, tutores o responsables, indica que ellas estarán «en consonancia con la evolución de sus facultades, dirección y orientación apropiadas para que el niño ejerza los derechos reconocidos».

En efecto, uno de los aspectos que siempre ha sido controversial en materia de Derecho de la Niñez y de la Adolescencia ha sido el tema de la naturaleza jurídica de las atribuciones que despliegan los representantes del menor de edad, así se habla de poderes, funciones, derechos o deberes[102]; aquí la Convención regula tal aspecto fijándose el deber del Estado de su reconocimiento según la «costumbre local», pero aprovecha la oportunidad de añadir otro elemento de ponderación como lo es la «evolución» de las capacidades por parte de los niños o adolescentes, titulares de los derechos fundamentales tipificados en la Convención, así como la «dirección y orientación» que los representantes

---

[100] RAJMIL y LLORENS: art. cit. («Apuntes acerca...»), p. 99.
[101] DEL MAZO: art. cit. («Capacidad y autonomía...»), p. 2.
[102] *Vid.* Tribunal Supremo español, Sala de lo Civil, sent. N° 621, del 09-11-15, indicó: «la potestad es una función inexcusable que se ejerce siempre en beneficio de los hijos para facilitar el pleno desarrollo de su personalidad y conlleva una serie de deberes personales y materiales hacia ellos en el más amplio sentido. De ahí que se afirme por autorizada doctrina que se trata de una función con un amplio contenido, no de un mero título o cualidad, y es por ello que resulta incompatible mantener la potestad y, sin embargo, no ejercer en beneficio del hijo ninguno de los deberes inherentes a la misma».

deben enfocar para lograr que sus representados puedan ejercer estos derechos por sí mismos[103].

Entonces, un elemento que debe tomarse en cuenta por los padres, representantes o responsables –así como por la familia, la sociedad y el Estado– es que la personalidad del niño no es estática, sino dinámica y va cambiando con el transcurso del tiempo, y tales variaciones, que normalmente son positivas, implican una evolución en el ejercicio de sus derechos que, en un principio, lo hace a través de representación y que, posteriormente, según su edad y madurez, irá ejerciendo directamente, lo cual debe ser auspiciado por la colectividad en general[104].

---

[103] Este principio es reiterado en materia de libertad de pensamiento, conciencia y religión (artículo 14.2). Para O'DONNELL, Daniel: «La Convención sobre los Derechos del Niño: estructura y contenido». En: *Derechos del niño. Textos básicos*. UNICEF. Caracas, 1996, p. 14, «Las consideraciones fundamentales vertidas en el artículo 5 son tres, a saber: la reafirmación del rol natural de los padres en la crianza y educación de los niños; la confirmación de que son los niños mismos quienes ejercen sus derechos; y la introducción al concepto de la evolución progresiva de la competencia del niño a ejercer sus derechos con creciente autonomía, que permite superar una aparente contradicción entre los dos primeros conceptos».

[104] La Observación General N° 7, es bastante explícita en este punto, indicando: «El artículo 5 se basa en el concepto de 'evolución de las facultades' para referirse a procesos de maduración y de aprendizaje por medio de los cuales los niños adquieren progresivamente conocimientos, competencias y comprensión, en particular comprensión de sus derechos, y sobre cómo dichos derechos pueden realizarse mejor (...) contiene el principio de que padres –y otros– tienen responsabilidad de ajustar continuamente los niveles de apoyo y orientación que ofrecen al niño. Estos ajustes tienen en cuenta los intereses y deseos del niño, así como la capacidad del niño para la toma de decisiones autónomas y la comprensión de lo que constituye su interés superior» (párrafo 17). *Cfr.* Observación General N° 8, sobre el derecho del niño a la protección contra los castigos corporales y otras formas de castigo crueles o degradantes (2006) (párrafos 46 y 47). En tal sentido, según RAJMIL y LLORENS: art. cit. («Apuntes acerca...»), p. 99, «Se trata de un proceso evolutivo que va restringiendo la representación legal de los progenitores a medida de que el hijo adquiere madurez para actuar por sí mismo». Al respecto, recuerda STANZIONE: art. cit. («Derechos fundamentales...»), p. 71, que «la potestad de los padres tienen un alto grado de elasticidad: ésta presenta un máximo de cohesión en los primeros años de vida de los hijos, pero puede tanto reducirse como pasar a su disolución a medida del crecimiento de los hijos».

Por lo anterior, la Convención sobre los Derechos del Niño refuerza constantemente dicho contenido dinámico del ejercicio de los derechos del niño y del adolescente haciendo referencia al desarrollo en sus diversas facetas[105].

Ciertamente, el artículo 27 se refiere al nivel de vida del niño, el cual debe ser «adecuado para su desarrollo físico, mental, espiritual, moral y social». Tal facultad se juzga esencial dentro de este nuevo esquema de protección integral, ya que la capacidad real para ejercer los propios derechos no es una condición que se adquiere por el mero transcurso del tiempo –como ficticiamente sostienen los modelos tradicionales decimonónicos de capacidad bajo el criterio de la mayoría de edad–. En realidad, la formación de un juicio propio es un proceso evolutivo, complejo y personal, en el cual a medida que la propia persona va adquiriendo nuevas experiencias va asimilando las responsabilidades que ellas implican en su vida y entorno, y tal tránsito es lo que lo prepara para el momento en donde dependerán solamente de él las decisiones que repercutan en sus relaciones jurídicas[106]. Pero, para que este proceso se desenvuelva

---

[105] Así por ejemplo la Observación General N° 4, parte de que en el caso de los adolescentes sus derechos deben interpretarse «en consonancia con la evolución de sus facultades» los cuales «pueden ejercer progresivamente» (párrafo 1), pues, «Los adolescentes necesitan que los miembros de su entorno familiar les reconozcan como titulares activos de derecho que tienen capacidad para convertirse en ciudadanos responsables y de pleno derecho» (párrafo 7). Por ello la Observación General N° 20, «define dicha evolución como un principio habilitador que aborda el proceso de maduración y aprendizaje por medio del cual los niños adquieren progresivamente competencias, comprensión y mayores niveles de autonomía para asumir responsabilidades y ejercer sus derechos» (párrafo 18). Afirma, MONTEJO RIVERO: art. cit. («Menor de edad...»), p. 28, que la capacidad progresiva del menor de edad «Encuentra su punto de partida en el concepto de evolución de las facultades, contenido en el artículo 5 de la Convención sobre los Derechos del Niño y en estrecha vinculación con los artículos 3, 12 y 14».

[106] Comenta atinadamente AGUILAR GORRONDONA: ob. cit. (*Bases jurídicas...*), pp. 76 y 77, «La madurez no es una realidad estática sino una resultante de procesos dinámicos de signos contrarios que en su constante cambio hacen variar también la resultante misma. En consecuencia, la madurez no es un nivel que se alcanza de una sola vez y que una vez adquirida se mantiene sin presentar variaciones de grados» y siguiendo a FURTER añade «lo importante no es que además hayan variado los límites temporales o cronológicos que se señalan a la madurez sino que ha cambiado su concepto al dejar

adecuadamente, es necesario que todos los sujetos que interactúan con el menor de edad coadyuven en su adecuado desarrollo, tanto en el aspecto corporal –que es básico para tener una mente sana–, como fundamentalmente en el ámbito psíquico, que es el que influye en el ejercicio personal de los derechos.

Obsérvese, que en la anterior disposición, el desarrollo es calificado en cinco tipos: uno corporal y cuatro psicológicos[107], el resto del articulado se focaliza en el desarrollo físico; ello es coherente si se examina que las dos disposiciones siguientes se centran en los otros tipos. En efecto, en el artículo 28 se regula el derecho a la educación, facultad que es base para el desarrollo intelectual, el cual destaca que se ejercerá «progresivamente». Por su parte, el artículo 29 establece, en materia de educación, que esta tendrá por objetivo: «desarrollar la personalidad, las aptitudes y la capacidad mental y física del niño hasta el máximo de sus posibilidades»[108], así como «preparar al niño para asumir una vida responsable», además de otros objetivos orientados a su desarrollo moral y social.

Este principio de promoción del desarrollo del niño es ratificado como un deber concreto de los Estados Partes de la Convención (artículo 6.2), de los progenitores en el ejercicio de sus responsabilidades de crianza (artículo 18.2),

---

de ser vista como un estado permanente y definitivo al cual llega automáticamente la mayoría de la población».

[107] Indica la Observación General N° 5, que «El Comité espera que los Estados interpreten el término 'desarrollo' en su sentido más amplio, como concepto holístico» (párrafo 12), *cfr*. Observación General N° 11, sobre los niños indígenas y sus derechos en virtud de la Convención sobre los Derechos del Niño (2009) (párrafo 35).

[108] La Observación General N° 1, habla de «un planteamiento holístico de la educación» y de que «el objetivo principal de la educación es el desarrollo de la personalidad de cada niño, de sus dotes naturales y capacidades, reconociéndose el hecho de que cada niño tiene características, intereses y capacidades únicas y también necesidades de aprendizaje propias», para lo cual debe tomarse «plenamente en cuenta las aptitudes en evolución del niño» y así conseguir «la preparación fundamental para la vida activa» (párrafos 9 y 12). En la Observación General N° 11, se subraya que la educación «refuerza la capacidad de los niños para ejercer sus derechos civiles a fin de influir en los procesos políticos para mejorar la protección de los derechos humanos» (párrafo 57).

el cual debe garantizarse igualmente en caso de discapacidad (artículo 23.3). Por otra parte, el desarrollo –y en particular el criterio de la edad– es ponderado en materia de protección laboral (artículo 32.1 y 2.a), responsabilidad penal (artículos 37.c y 40.1, 2.b.iii y 3.a)[109], o en la protección ante conflictos armados (artículo 38.2 y 3).

En síntesis, los planteamientos anteriores nos llevarían a compartir una conclusión similar a la que expuso STANZIONE, quien, al analizar las funciones de los progenitores en relación con los derechos de los hijos, afirma:

> … descartada la tesis del límite fijo de edad, por los citados inconvenientes que conlleva, no es oportuno ni siquiera enunciar otra regla de carácter general. Es imprescindible, por el contrario, la valoración del caso concreto, así pues, caso por caso, en presencia de un tipo de manifestación o actividad singular y considerando el ambiente en el que se encuentra el hijo en su actuación, así como las condiciones subjetivas del mismo, se deberá establecer si el menor tiene o no la capacidad o, si se prefiere, el discernimiento para tomar una decisión con el mismo conocimiento de los hechos con que la tomaría una persona adulta[110].

---

[109] *Vid*. Observación General Nº 10, sobre los derechos del niño en la justicia de niños, niñas y adolescentes (2007) «Todo el personal encargado de la administración de la justicia de menores debe tener en cuenta el desarrollo del niño, el crecimiento dinámico y constante de éste» (párrafo 13), estableciéndose incluso reglas sobre el establecimiento de una «edad mínima a efectos de responsabilidad penal» que se tome en cuenta «las circunstancias que acompañan la madurez emocional, mental e intelectual» (párrafos 30 y ss.), por tanto, «Afirmar que el niño es responsable con arreglo a la ley penal supone que tiene la capacidad y está en condiciones de participar efectivamente en las decisiones relativas a la respuesta más apropiada que debe darse a las alegaciones de que ha infringido la ley penal», así como comprender que «La edad y el grado de madurez del niño también pueden hacer necesario modificar los procedimientos y las prácticas judiciales» para adecuarlas a esta realidad (párrafos 45 y 46), en cuanto «la respuesta que se dé al delito debe ser siempre proporcionada, no solo a las circunstancias y la gravedad del delito, sino también a la edad» (párrafo 71).

[110] STANZIONE: art. cit. («Derechos fundamentales…»), pp. 78 y 79.

2.2.1.2. Tipificación del ejercicio directo de algunos derechos

En algunos casos, la propia Convención sobre los Derechos del Niño reconoce la posibilidad del ejercicio directo por parte de los niños y adolescentes de algunas facultades tipificadas en su texto[111]. Ello ocurre en razón de que presupone que es más garantista el permitirle su participación y, además, por considerar que el mismo puede estar dotado del desarrollo físico-mental para obrar a favor de sus derechos. Ahora bien, aquí se estará, generalmente, ante una presunción de capacidad de ejercicio, pues, en definitiva, todo dependerá del caso concreto y de la ponderación específica de su interés superior[112].

En efecto, se pueden mencionar facultades específicas que la Convención reconoce de ejercicio directo, a saber: El derecho a petición, puede ser perfectamente

---

[111] Lo cual no está libre de complicaciones prácticas, pues, como reconoce la Observación General Nº 2, sobre el papel de las instituciones nacionales independientes de los derechos humanos en la promoción y protección de los derechos del niño (2002), «... existen motivos adicionales para velar por que se preste especial atención al ejercicio de los derechos humanos de los niños», tales como «rara vez se tienen en cuenta sus opiniones», «dificultades considerables para recurrir al sistema de justicias a fin de que se protejan sus derechos» y «el acceso de los niños a las organizaciones que pueden proteger sus derechos generalmente es limitado» (párrafo 5). Por lo anterior, la Observación General Nº 5, establece: «La situación especial y dependiente de los niños les crea dificultades reales cuando los niños quieren interponer recursos por la violación de sus derechos. Por consiguiente, los Estados deben tratar particularmente de lograr que los niños y sus representantes puedan recurrir a procedimientos eficaces que tengan en cuenta las circunstancias de los niños. Ello deberá incluir el suministro de información adaptada a las necesidades del niño, el asesoramiento, la promoción, incluido el apoyo a la autopromoción, y el acceso a procedimientos independientes de denuncia y a los tribunales con la asistencia letrada y de otra índole necesaria» (párrafo 24). La Observación General Nº 7 asienta: «La evolución de las facultades deberá considerarse un proceso positivo y habilitador y no una excusa para prácticas autoritarias que restrinjan la autónoma del niño y su expresión y que tradicionalmente se han justificado alegando la relativa inmadurez del niño y su necesidad de socialización» (párrafo 17).

[112] Así la Observación General Nº 6, sobre trato de los niños, niñas y adolescentes no acompañados y separados de su familia fuera de su país de origen (2005), a los efectos de la determinación del interés superior del niño en esta materia «exige una evaluación clara y a fondo de la identidad de esté y, en particular, de su nacionalidad, crianza, antecedentes étnicos, culturales y lingüísticos, así como las vulnerabilidades y necesidades especiales de protección» (párrafo 20).

ejercido por los menores de edad[113]. Diversos artículos de la Convención hacen referencia a peticiones que pueden ser realizadas directamente[114], así por ejemplo en los procedimientos donde se discuta la separación del niño de sus padres, aquellos dirigidos a pedir información al Estado sobre el paradero del progenitor si la separación es resultado de una medida adoptada por el Estado (artículo 9.4). Tiene derecho a pedir directamente la reunión familiar (artículo 10.1)[115], o prestaciones de seguridad social (artículo 26.2).

En cuanto al derecho a libertad de expresión e información, el menor de edad puede ejercer directamente estas facultades y, en consecuencia, «buscar, recibir y difundir informaciones» según el medio «elegido por el niño», obviamente sometiéndose a las restricciones generales de ley (artículo 13, en concordancia con el artículo 17.1), así como a obtener información básica en materia de salud[116], nutrición, higiene, ambiente y medidas de prevención

---

[113] *Vid.* BELANDRIA GARCÍA, José Rafael: *El derecho de petición en España y en Venezuela*. FUNEDA. Caracas, 2013, pp. 144 y ss.

[114] Igualmente, la Observación General N° 2 indica que las instituciones nacionales de derechos humanos deben poder examinar quejas y peticiones inclusive las presentadas «directamente por niños» (párrafo 13).

[115] En materia de asilo, la Observación General N° 6 establece: «Los menores que soliciten el asilo, con inclusión de los no acompañados o separados, podrán entablar, con independencia de la edad, los procedimientos correspondientes y recurrir a otros mecanismos complementarios orientados a la protección internacional», «Si el menor separado o no acompañado solicita el asilo o entabla otros procesos o actuaciones administrativas o judiciales, además del tutor, se le nombrará un representante legal» (párrafos 21, 66, 69 y 70).

[116] *Vid.* la Observación General N° 3, sobre el VIH/SIDA y los derechos del niño (2003), «el niño debe tener acceso a una información adecuada en relación con la prevención del VIH/SIDA (…) información pertinente, adecuada y oportuna en la que se tengan en cuenta las diferencias de nivel de comprensión y que se ajuste bien a su edad y capacidad, y le permita abordar de manera positiva y responsable su sexualidad» (párrafo 16). Por su parte, la Observación General N° 4, que toca el tema del derecho a la salud de los adolescentes, establece que ellos «tienen derecho a acceder a información adecuada que sea esencial para su salud y desarrollo así como para su capacidad de tener una participación significativa en la sociedad» (párrafo 26), y en relación con la intimidad que la «información solo puede divulgarse con consentimiento del adolescente o sujeta a los mismos requisitos que se aplican en el caso de la confidencialidad

Los modelos sobre capacidad de ejercicio de los niños y adolescentes | 71

de accidentes (artículo 24.2.e) o sobre el contenido de sus derechos, en especial los establecidos en la Convención (artículo 42), entre otras[117].

Al derecho a asociación y reunión «no se impondrán restricciones al ejercicio de estos derechos», lo que implica un obrar directo, salvo las prohibiciones ordinarias para toda persona (artículo 15.2)[118]. En materia de adopción como interesado en el procedimiento debe dar su consentimiento informado (artículo 21.a)[119]. Participar «plenamente» en actividades recreativas, culturales o artísticas, según su edad y deseos personales (artículo 31.1 y 2).

---

de los adultos. Los adolescentes a quienes se considere suficientemente maduros para recibir asesoramiento fuera de la presencia de los padres o de otras personas, tienen derecho a la intimidad y pueden solicitar servicios confidenciales, e incluso tratamiento confidencial» (párrafo 11) y al referirse a los derechos de los adolescentes a la salud y el desarrollo, indica la necesidad de asegurar ciertas disposiciones jurídicas específicas «relativas al establecimiento de la edad mínima para el consentimiento sexual, el matrimonio y la posibilidad de tratamiento médico sin consentimiento de los padres. Estas edades mínimas deben ser las mismas para los niños y las niñas y reflejar fielmente el reconocimiento de la condición de seres humanos a los menores de 18 años de edad en cuanto titulares de derecho en consonancia con la evolución de sus facultades y en función de la edad y la madurez del niño. Además, los adolescentes necesitan tener fácil acceso a los procedimientos de quejas individuales así como a los mecanismos de reparación judicial y no judicial adecuados que garanticen un proceso justo con las debidas garantías» (párrafo 9). La Observación General N° 7, sobre niños pequeños apunta que «son también capaces de contribuir ellos mismos a su salud personal y alentar estilos de vida saludables entre sus compañeros, por ejemplo mediante la participación en programas adecuados de educación sanitaria dirigida al niño» (párrafo 27.b).

[117] *Vid.* Observación General N° 6 (párrafos 25.e, 37 y 40).
[118] La Observación General N° 2 reitera que en las instituciones nacionales de derechos humanos deben velarse por una representación pluralistas con inclusión de «las organizaciones dirigidas por niños y jóvenes» (párrafo 12, en concordancia con el 19.k).
[119] La Observación General N° 6, referida a menores no acompañados o separados, apunta que «En todos los procedimientos de adopción debe solicitarse y tenerse en cuenta las opiniones del menor, teniendo presente su edad y madurez. Esta exigencia lleva implícito que el menor ha sido asesorado y debidamente informado de las consecuencias de la adopción y dé su consentimiento a la misma, si éste fuera necesario» (párrafo 91). *Cfr.* Observación General N° 8 (párrafos 26 y 37).

Particular mención merece el derecho a opinar y a ser oído; en efecto, el artículo 12, se refiere a dos facultades cardinales para lograr el ejercicio directo de los derechos por parte de los menores de edad, como son los derechos de «expresar su opinión» y el de «ser escuchado». Además, el texto de la Convención introduce unos criterios a los efectos de precisar cuando estos derechos pueden ser ejercidos directamente por sus titulares, a saber:

i. «esté en condiciones de formarse un juicio propio»; frase que hace clara alusión a la capacidad de obra, pues, el juicio[120] es una cualidad que detenta el que puede expresar una voluntad conciente para que genere efectos jurídicos válidos en su propio patrimonio o ámbito personal[121]. Así lo ha resaltado el Comité de los Derechos del Niño: tal frase «no debe verse como una limitación, sino como una obligación para los Estados partes de evaluar la capacidad del niño de formarse una opinión autónoma en la mayor medida posible. Eso significa que los Estados partes no pueden partir de la premisa de que un niño es incapaz de expresar sus propias opiniones. Al contrario, los Estados partes deben dar por supuesto que el niño tiene capacidad para formarse sus propias opiniones y reconocer que tiene derecho a expresarlas; no corresponde al niño probar primero que tiene esa capacidad» (párrafo 20)[122].

---

[120] *Vid*. las primeras cuatro acepciones del *Diccionario de la Lengua Española*: «1. m. Facultad del alma, por la que el hombre puede distinguir el bien del mal y lo verdadero de lo falso. 2. m. Estado de sana razón opuesto a locura o delirio. 3. m. Acción y efecto de juzgar. 4. m. Cordura o sensatez...», http://dle.rae.es/?id=MbWK64n.

[121] Para STANZIONE: art. cit. («Derechos fundamentales...»), p. 77, «Si en consecuencia se le considera sujeto de derecho con título pleno, se necesita consentirle, con total autonomía, las elecciones que conciertan a su propia persona, bien entendido que se requiere para ello las condiciones de una decisión juiciosa, es decir que el menor alcance la capacidad de discernimiento». Así, por ejemplo la Observación General N° 5 indica: «Los niños, incluidos los adolescentes, tienen derecho a participar en las campañas de sensibilización sobre sus derechos hasta donde lo permitan sus facultades en evolución» (párrafo 69). *Vid*. Observación General N° 9, sobre los derechos de los niños con discapacidad (2006): «Es fundamental que los niños con discapacidad sean escuchados en todos los procedimientos que los afecten y que sus opiniones se respeten de acuerdo con su capacidad en evolución (...) Hay que proporcionar a los niños el modo de comunicación que necesiten para facilitar la expresión de sus opiniones» (párrafo 32).

ii. «en todos los asuntos que le afectan», es decir, que independientemente del tipo de relación jurídica que se está analizando si ella repercute en su esfera de intereses se encuentra autorizado para intervenir expresando su opinión[123].

iii. «teniéndose debidamente en cuenta las opiniones»: la intención de la norma no es solamente que el menor de edad pueda expresar una opinión a título decorativo[124], sino que la misma sea escuchada y pueda ser ponderada al momento de tomar la decisión del asunto que se está discutiendo y que afecta al niño o adolescente[125].

---

[122] Observación General N° 12, sobre el derecho del niño a ser escuchado (2009).
[123] Según refieren RAJMIL y LLORENS: art. cit. («Apuntes acerca...»), p. 104, «el derecho del niño a ser oído y a que su opinión sea debidamente tomada en cuenta, de acuerdo con su desarrollo y madurez, se extiende a todos los ámbitos en que se desenvuelve su vida, constituyendo en sí mismo un derecho cuyo ejercicio nunca le puede ser vedado. Abarca tanto el ámbito patrimonial como extrapatrimonial». *Vid.* Observación General N° 10, referente al sistema de justicia penal que establece: «El derecho del niño a expresar su opinión libremente sobre todos los asuntos que le afecten se respetará y hará efectivo plenamente en cada etapa del proceso de la justicia de menores», en particular «desde la fase instructora, cuando el niño tiene derecho tanto a permanecer en silencio como a ser escuchado por la policía, el fiscal y el juez de instrucción, hasta las fases resolutoria y de ejecución de las medidas impuestas», «El niño debe dar libre y voluntariamente su consentimiento por escrito a la remisión del caso, y el consentimiento deberá basarse en información adecuada y específica», así como: «El tribunal u otro órgano judicial, al considerar el carácter voluntario y la fiabilidad de una admisión o confesión hecha por un niño, deberá tener en cuenta la edad de éste, el tiempo que ha durado la detención y el interrogatorio y la presencia de un abogado u otro asesor jurídico, los padres, o representante independientes del niño», igualmente «Todo niño tendrá derecho a dirigir, sin censura en cuanto al fondo, peticiones o quejas a la administración central, a la autoridad judicial o a cualquier otra autoridad competente e independiente, y a ser informado sin demora de la respuesta; los niños deben tener conocimiento de estos mecanismos y poder acceder a ellos fácilmente» (párrafos 12, 27, 44, 58 y 89).
[124] Tal y como lo alude la Observación General N° 5, «La participación de los niños y las consultas con los niños tienen también que tratar de no ser meramente simbólicas y han de estar dirigidas a determinar unas opiniones que sean representativas» (párrafo 12).
[125] Así lo reitera la Observación General N° 4: «es necesario que los adolescentes tengan oportunidad de exponer sus opiniones libremente y que esas opiniones sean debidamente tenidas en cuenta, de conformidad con el artículo 12 de la Convención. Sin embargo, si el adolescente es suficientemente maduro, deberá obtenerse el consentimiento fundamentado del propio adolescente» (párrafo 32).

iv. «en función de la edad y madurez»: señala el Comité de los Derechos del Niños en la Observación General N° 12, que tales términos «hacen referencia a la capacidad del niño, que debe ser evaluada para tener debidamente en cuenta sus opiniones» (párrafo 28), lo que implica considerar, a los efectos de determinar las condiciones de juicio para el ejercicio directo de este derecho, tanto la edad[126] como la madurez[127] o desarrollo del niño. En efecto, ha señalado el Comité: «deja claro que la edad en sí misma no puede determinar la trascendencia de las opiniones del niño. Los niveles de comprensión de los niños no van ligados de manera uniforme a su edad biológica. Se ha demostrado en estudios que la información, la experiencia, el entorno, las expectativas sociales y culturales y el nivel de apoyo contribuyen al desarrollo de la capacidad del niño para formarse una opinión. Por ese motivo, las opiniones del niño tienen que evaluarse mediante un examen caso por caso» (párrafo 29). Por su parte, «'Madurez' hace referencia a la capacidad de comprender y evaluar las consecuencias de un asunto determinado, por lo que debe tomarse en consideración al determinar la capacidad de cada niño. La madurez es difícil de definir; en el contexto del artículo 12, es la capacidad de un niño para expresar sus opiniones sobre las cuestiones de forma razonable e independiente» (párrafo 30).

Téngase en cuenta que estas facultades, amén de ser derechos autónomos, son mecanismos para el ejercicio de otros derechos; de allí su relevancia dentro del nuevo modelo de protección integral que promociona el texto internacional[128].

---

[126] En relación con el niño pequeño, la Observación General N° 7 menciona que él es «participante activo en la promoción, protección y supervisión de sus derechos» por lo que se «reafirmar que el artículo 12 se aplica tanto a los niños pequeños como a los de más edad. Como portadores de derechos, incluso los niños más pequeños tienen derecho a expresar sus opiniones» (párrafo 14).

[127] *Vid. Diccionario de la Lengua Española*: «1. f. Condición o estado de maduro. 2. f. Período de la vida en que se ha alcanzado la plenitud vital y aún no se ha llegado a la vejez. 3. f. Buen juicio o prudencia, sensatez», http://dle.rae.es/?id=NrIIJbt.

[128] Para la Observación General N° 5, «El escuchar a los niños no debe considerarse como un fin en sí mismo, sino más bien como un medio de que los Estados hagan que sus interacciones con los niños y las medidas que adopten en favor de los niños estén cada vez más orientadas a la puesta en práctica de los derechos» (párrafo 12). *Vid.* Observación General N° 11, «Teniendo en cuenta los obstáculos que impiden que los

Así, en materia de instituciones de cuidado de los menores de edad, estos últimos tienen derecho a expresar sus opiniones en los procedimientos respectivos (artículo 9.2 de la Convención sobre los Derechos del Niño)[129]. También, las instituciones nacionales de derechos humanos deberán promover el «respeto por las opiniones del niño en todos los asuntos que les afecten», así como «asegurar que se mantenga un contacto directo con los niños y que éstos participen y sean consultados en la forma adecuada»[130]. Así como, por ejemplo, se subraya que «Los Estados partes deben escuchar periódicamente las opiniones de los niños sobre las decisiones presupuestarias que los afectan», así como intervenir en las cuatro fases principales del proceso: la planificación, la aprobación, la ejecución y el seguimiento[131].

El Comité apunta: «Los niños son sujetos de derecho y tienen derecho a participar, en consonancia con su etapa de crecimiento», «debe promoverse activamente la participación del niño», «Es probable que sean necesarios enfoques diversos para garantizar la participación de los niños de todas las capas sociales, en particular mecanismos que alienten a los niños, según su etapa de desarrollo, a expresar su opinión, a que ésta sea escuchada y se tenga debidamente en cuenta, en función de la edad y madurez del niño», por ejemplo, su consentimiento será relevante para «pruebas de detección» y a los fines de decidir revelar los «resultados de las pruebas», o para participar en «programas de investigación»[132].

Estas facultades son manifestaciones claras del ejercicio de los derechos con la posibilidad de producir efectos jurídicos, los cuales deberán ser profundizados por los derechos nacionales para garantizar su aplicación plena[133].

---

niños indígenas ejerzan ese derecho, el Estado parte debería crear un entorno que aliente la libre expresión de la opinión del niño» (párrafo 38).

[129] Observación General N° 6 (párrafos 79, 81, 84 y 91).
[130] Observación General N° 2 (párrafos 16, en concordancia con el 19.j).
[131] Observación General N° 19, sobre presupuesto público para la realización de los derechos del niño (2016), párrafos 52, 59.b, 90.e, 102, 106.d y 110.
[132] Observación General N° 3, (párrafos 12, 20, 22, 23, 24 y 29). Véase también Observación General N° 4, donde se establece la necesidad del consentimiento fundado en materia de salud por el adolescente (párrafos 28, 33 y 39.b).
[133] La Observación General N° 5 establece: «A fin de promover la plena aplicación de esos derechos, incluido, cuando proceda, el ejercicio de los derechos por los propios

2.2.2. Normas y principios relacionados con el ejercicio directo de los derechos por parte de los niños y adolescentes desarrollados en instrumentos internacionales a partir de la Convención sobre los Derechos del Niño

En el ámbito internacional, los Estados han buscado desarrollar algunos de los principios sobre capacidad de ejercicio a través de protocolos facultativos u otras convenciones internacionales. Los anteriores mecanismos son significativos, pues claramente patentizan un aspecto dinámico de la Convención sobre los Derechos del Niño y su interpretación; de allí el interés de mencionarlos a los efectos de ubicar criterios que inciden en el nuevo enfoque en materia de capacidad de ejercicio.

En cuanto a los protocolos facultativos, actualmente se han elaborado tres instrumentos, a saber:

i. Protocolo Facultativo de la Convención sobre los Derechos del Niño relativo a la venta de niños, la prostitución infantil y la utilización de niños en la pornografía (Asamblea General de las Naciones Unidas Resolución de 25 de mayo de 2000)[134]. Este instrumento hace especial referencia a los menores de edad víctimas de las prácticas prohibidas por el Protocolo y reconoce expresamente su derecho a participar como testigo –ponderando especialmente su vulnerabilidad–, a estar informado y a expresar su opinión (artículo 8.1).

ii. Protocolo Facultativo de la Convención sobre los Derechos del Niño relativo a la participación de niños en los conflictos armados (Asamblea General de las Naciones Unidas Resolución de 25 de mayo de 2000)[135]. Aquí se toma

---

niños, puede ser necesario adoptar disposiciones adicionales, legislativas o de otra índole» (párrafo 21).

[134] España ratificó el instrumento, véase: *BOE* N° 27, del 31-01-02. Por su parte, Venezuela lo ratificó según Ley Aprobatoria publicada en la *Gaceta Oficial de la República Bolivariana de Venezuela* N° 37355, del 02-01-02.

[135] España ratificó el instrumento, *BOE* N° 92, del 17-04-02; también Venezuela, *Gaceta Oficial de la República Bolivariana de Venezuela* N° 5570 extraordinario, del 03-01-02.

especialmente en cuenta la edad a los efectos de limitar la intervención de los niños y adolescentes en los conflictos bélicos, fundamentalmente para evitar su «participación directamente en hostilidades» (artículo 1), su reclutamiento obligatorio (artículo 2), así como en el caso del reclutamiento voluntario se eleve la edad mínima y que el mismo, en todo caso, «sea auténticamente voluntario» (artículo 3.1 y 3.3.a).

iii. Protocolo Facultativo de la Convención sobre los Derechos del Niño relativo a un procedimiento de comunicaciones (Asamblea General de las Naciones Unidas Resolución de 19 de diciembre de 2011)[136]. Por su parte, este instrumento destaca en sus consideraciones preliminares que se dicta: «Reafirmando también la condición del niño como sujeto de derechos y ser humano con dignidad y con capacidades en evolución», lo que implicará «reforzar y complementar

---

[136] España ratificó el instrumento: *BOE* N° 27, del 31-01-14. Este protocolo facultativo no ha sido ratificado a la fecha por Venezuela, vale destacar que en la última década Venezuela ha padecido una involución en lo referente al sometimiento de sus actos a instancias internacionales, así el 10 de septiembre de 2012 notificó al Secretario General de la OEA sobre su voluntad de denuncia de la Convención Americana sobre Derechos Humanos, con lo cual las violaciones a derechos humanos que pudieran ocurrir en el país después de un año de la denuncia, no podrán ser conocidas por la Corte Interamericana de Derechos Humanos. La tesis que ha sostenido el Gobierno venezolano se centra en el tema de la soberanía –véase: MÁRQUEZ LUZARDO, Carmen María: «La denuncia de la Convención Americana sobre Derechos Humanos y otros casos paradigmáticos. Los precedentes de: Trinidad y Tobago; Perú y Venezuela». En: *Revista Cuestiones Jurídicas*. Vol. 8, N° 1. Universidad Rafael Urdaneta. Maracaibo, 2014, pp. 27-56–. No obstante, vale destacar que Venezuela sí ratificó según Ley Aprobatoria el Protocolo Facultativo del Pacto Internacional de Derechos Económicos, Sociales y Culturales de 2008 (*Gaceta Oficial de la República Bolivariana de Venezuela* N° 40358, del 18-02-14) y la Convención sobre los Derechos de las Personas con Discapacidad y su Protocolo Facultativo (*Gaceta Oficial de la República Bolivariana de Venezuela* N° 39236, del 06-08-09), ambos protocolos que se refieren a un procedimiento de comunicaciones. Al respecto, según comenta el profesor RAVETLLAT BALLESTÉ, el Protocolo Facultativo del Pacto fue la fuente de inspiración del Protocolo Facultativo de la Convención, el cual contiene tres modalidades de sometimiento, lo que implica un abanico de opciones para que los Estados se motiven a ratificarlo según aquellas alternativas que les resulten más convenientes, por lo tanto, es posible que el Estado venezolano en un futuro proceda a su ratificación.

los mecanismos nacionales y regionales al permitir a los niños denunciar la violación de sus derechos». En ese orden, reitera en el artículo 2 el principio del interés superior del niño y que «tendrá en cuenta los derechos y las opiniones del niño y dará a esa opiniones el debido peso, en consonancia con la edad y madurez del niño». Permitiendo que las comunicaciones individuales puedan ser presentadas por la víctima directamente, es decir, por el propio niño o adolescente (artículo 5)[137].

Además, deben tenerse en cuenta otros instrumentos internacionales que tienen como fundamento la Convención sobre los Derechos del Niño, tales como las convenciones de La Haya[138] o los convenios de la Organización Internacional del Trabajo[139].

---

[137] *Cfr.* Observación General N° 17, sobre el derecho del niño al descanso, el esparcimiento, el juego, las actividades recreativas, la vida cultural y las artes (2013), «Se alienta a los Estados a que firmen y ratifiquen el Protocolo facultativo de la Convención sobre los Derechos del Niño relativo a un procedimiento de comunicaciones, que permitirá a los niños presentar denuncias individuales por violaciones» (párrafo 57.g).

[138] PARRA ARANGUREN: art. cit. («La tarea complementaria...»), pp. 61 y ss. recuerda: la Convención relativa a la protección de los niños y a la cooperación en materia de adopción internacional (1993) y la Convención sobre jurisdicción, ley aplicable reconocimiento, ejecución y cooperación respecto a la responsabilidad parental y de las medidas para la protección de menores (1996). Sobre el primer instrumento internacional, SESTA señala: «representa un paso más en el reconocimiento de la identidad y de la dignidad del niño, porque requiere no solo que sean tenidas en consideración sus opiniones, sino también sus deseos, debiendo ser informado sobre las consecuencias derivadas de su adopción», citado en DEL VAS GONZÁLEZ, Juana María: «Estatuto jurídico del menor en el Derecho Civil italiano». En: *Revista Crítica de Derecho Inmobiliario*. N° 715. Madrid, 2009, p. 2603. VILLAGRASA ALCAIDE: art. cit. («El derecho de la persona...»), p. 27, comenta sobre los referidos instrumentos internacionales que ellos «han servido de base para la reforma legislativa de nuestro Derecho de protección de la infancia y la adolescencia». Por lo indicado la Observación General N° 14, «alienta la ratificación y aplicación de los convenios de la Conferencia de La Haya de Derecho Internacional Privado, que facilitan la aplicación del interés superior del niño y prevén garantías para su aplicación en el caso de que los padres vivan en países diferentes» (párrafo 68).

[139] Convención N° 182 sobre la prohibición de las peores formas de trabajo infantil y la acción inmediata para su eliminación (1999). Recuerda la Observación General N° 16, sobre las obligaciones del Estado en relación con el impacto del sector empresarial en los derechos del niño (2013), que «Los Estados también deben ratificar y trasponer

2.2.3. Caracteres básicos del modelo convencional

Para concluir este apartado, se considera oportuno indicar unos elementos básicos que configuran esta nueva visión de la capacidad de ejercicio de los niños y adolescentes:

i. La regla es la capacidad de ejercicio relativa: En efecto, la idea fundamental de este modelo de capacidad es transformar la visión tradicional del menor de edad incapaz, por el criterio opuesto del menor de edad con capacidad de ejercicio según sus propias aptitudes. Por ello, debe partir el intérprete de que el niño o adolescente puede ejercer directamente sus derechos y cumplir con sus deberes, para lo cual deberá ponderar los criterios de edad, madurez e interés superior, y según ellos ratificar la presunción de capacidad. Igualmente, existirán escenarios en los cuales *a priori* el legislador determinará la restricción de la capacidad de obrar, pero en dichos casos las limitaciones deben ser expresas[140].

ii. La capacidad de ejercicio debe precisarse para cada caso en concreto, de allí su relatividad: Al fundamentarse el modelo en criterios flexibles, exige

---

a su ordenamiento jurídico interno los convenios fundamentales de la OIT relativos al trabajo infantil» (párrafo 56); véase la Observación General N° 17, «Se alienta también a los Estados a que ratifiquen y apliquen los Convenios de la Organización Internacional del Trabajo (OIT) N°s 79, 90, 138 y 182» (párrafo 57.b).

[140] En el reciente Código Civil y Comercial argentino –sancionado como Ley 26994, promulgado el día 7 de octubre de 2014, comenzando a regir el 1 de agosto de 2015–, se establece: «Artículo 22.- Toda persona humana puede ejercer por sí misma sus derechos excepto las limitaciones expresamente previstas en este Código y en una sentencia judicial». Al comentar tal disposición RAJMIL y LLORENS: art. cit. («Apuntes acerca...»), p. 94, apuntan «la regla es la capacidad de ejercicio de todas las personas, y sus limitaciones deben estar expresamente previstas. Ello resulta acorde con los postulados de la Convención Internacional de los Derechos del Niño y de la Convención Internacional sobre los Derechos de las Personas con Discapacidad, las cuales no admiten, en ningún caso, que la persona menor de edad o sujeta a un régimen de protección sea privada ni de ejercer sus derechos por sí misma, en la medida en que tenga aptitudes suficientes para ello, ni de los derechos a opinar, a ser oído y a que su opinión sea, al menos, tenida en cuenta. Para estas normas superiores ya no existen 'incapaces', pues a todas las personas se les reconocen dichos derechos».

que no pueda generalizarse, sino que todo dependerá del desarrollo de las aptitudes personales, las cuales varían en cada individuo y según cada escenario en específico. En efecto, deberá efectuarse en cada supuesto un análisis concreto[141], en términos similares a lo que ocurre cuando se evalúa el interés superior del niño, que también demanda una concreción para cada caso[142].

iii. La capacidad de ejercicio es evolutiva, por tanto debe tomarse en cuenta los criterios de edad, madurez y relación jurídica en la cual se aplique: Aunque en algunos casos se pueden fijar rangos de edades, este elemento por sí solo no

---

[141] Para BARCIA LEHMANN, Rodrigo: «La capacidad extrapatrimonial de los niños y adolescentes conforme a sus condiciones de madurez». En: *Ius et Praxis*. Vol. 19, N° 2. Universidad de Talca. Talca, 2013, p. 45, «La determinación de la madurez del menor será un aspecto técnico y, como tal, el juez deberá solicitar los informes psicológicos o médicos, que le ayuden a determinar la madurez del menor».

[142] Recuerda VARELA CASTRO: art. cit. («El interés del menor…»), p. 15, «podemos destacar dos caracteres en el concepto de interés del menor: su relativismo, por su directa dependencia de las coordenadas personales y circunstanciales del menor a que alcance; y su aspecto dinámico, móvil y cambiante, al ir ceñido al mismo menor a su evolución personal y cambios vitales con el paso del tiempo u otros avatares que afectan a su circunstancia». En términos similares se expresa RIVERO HERNÁNDEZ, Francisco: *El interés del menor*. 2ª, Dykinson. Madrid, 2007, pp. 70-71, el interés superior del niño constituye «un concepto jurídico indeterminado, por medio del cual la ley se refiere a una realidad cuyos límites no precisa con exactitud, pero con lo que intenta definir o delimitar un supuesto concreto que permite que sea precisado luego en el momento de su aplicación», es decir, corresponde a «conceptos de valor o de experiencia referidos a realidades que inicialmente no permiten una mayor precisión o concreción, pero que trasladadas a situaciones específicas, a supuestos determinados, su aplicación conduce a una solución y no a otras». *Cfr*. TERÁN PIMENTEL, Milagro: «Sobre un concepto de interés superior del menor». En: *Anuario de Derecho*. N° 31. ULA. Mérida, 2014, pp. 13 y ss. Véase Observación General N° 14, sobre el derecho del niño a que su interés superior sea una consideración primordial, «El concepto de interés superior del niño es complejo, y su contenido debe determinarse caso por caso (…) es flexible y adaptable. Debe ajustarse y definirse de forma individual, con arreglo a la situación concreta del niño o los niños afectados y teniendo en cuenta el contexto, la situación y las necesidades personales. En lo que respecta a las decisiones particulares, se debe evaluar y determinar el interés superior del niño en función de las circunstancias específicas de cada niño en concreto» (párrafo 32).

determina la capacidad[143], ya que debe ser complementado con otras valoraciones personales, como la madurez y el interés superior, así como según la naturaleza de la relación jurídica concreta[144]. Serán entonces, todos estos componentes en conjuntos los que permitirán determinar en una hipótesis específica, si el niño o adolescente posee capacidad de ejercicio, tratando siempre que el propio menor de edad actúe en ejercicio directo de sus derechos.

iv. Para su determinación es fundamental ponderar el interés superior del niño y el derecho a ser escuchado: Estas facultades interactúan entre sí en todas las relaciones jurídicas en las cuales el niño o adolescente se ve inmiscuido y debe promocionarse su aplicación; igual situación ocurre cuando se está determinando si un menor de edad posee capacidad de ejercicio para un derecho particular. En definitiva, capacidad, interés y opinión se entremezclan para consolidar el modelo de protección integral que se deduce de la Convención sobre los Derechos del Niño.

---

[143] Para AGUILAR GORRONDONA: ob. cit. (*Bases jurídicas...*), p. 78 y 80, el desarrollo etario «no puede ser considerado un proceso, sino como la resultante de múltiples procesos fisiológicos, psíquicos y sociales que, por lo demás, se diferencian en su inicio y declinación, rapidez y efecto final», por tanto «los individuos tienen simultáneamente varias edades funcionales. La edad real 'global', en nuestro concepto, no puede ser establecida sin considerar la dimensión biográfica».

[144] DEL MAZO: art. cit. («Capacidad y autonomía...»), p. 3, subraya que esta posición «conlleva la idea de quebrar la tajante división minoridad-mayoría o capacidad-incapacidad y reemplazar los conceptos por una visión más dinámica de la capacidad progresiva o de la madurez gradual de los niños, niñas y adolescentes», *cfr.* ROCHA ESPÍNDOLA: art. cit. («La persona del menor...»), p. 69, «En relación con la edad es muy difícil establecer una edad o edades fijas por debajo de la mayoría de edad (...) a partir de los cuales pueda reconocerse capacidad para ciertos actos al menor, debido a que el desarrollo psíquico de un niño y adolescente puede ser muy distinto con la misma edad. Por ello, salvo para aquellos casos en que la ley lo determina expresamente parece más razonable vincular la concesión al menor de la autonomía de referencia a su madurez y juicio, a su discernimiento, es decir la aptitud psíquica –intelectiva y volitiva– para comprender el alcance y consecuencia de sus actos, con el autocontrol de su voluntad suficiente para asumir o desistir de la decisión correspondiente en cada caso concreto, según su apreciación de las consecuencias».

v. Debe privilegiarse siempre su participación: En casos de duda debe siempre decidirse a favor del ejercicio directo del derecho y con ello su participación en el destino de sus propias facultades y obligaciones[145]. Ello permite, a su vez, consolidar la ciudadanía activa[146] como objetivo del sistema de protección integral de la infancia. Pues, como afirma Villagrasa Alcaide, «Paulatinamente vamos asimilando, en un camino aún inacabado, la existencia de una infancia activa y participativa, plenamente titular de derechos subjetivos, capaz de ejercerlos gradualmente, en aras de reafirmar su necesaria consideración de verdadera protagonista de sus derechos»[147].

---

[145] Al respecto recuerda Cuevas, María Gabriela: «Derecho a la participación del niño y del adolescente». En: *Cuarto año de vigencia de la Ley Orgánica para la Protección del Niño y del Adolescente. V Jornadas sobre la LOPNA*. UCAB. Cristóbal Cornieles y María G. Morais, coords. Caracas, 2004, p. 33, que «El ejercicio del derecho a la participación de niños y adolescentes está vinculado al grado de desarrollo, la madurez, y la conciencia de las responsabilidades que se asumen».

[146] Para Rocha Espíndola: art. cit. («La persona del menor...»), pp. 45 y 92, «la ciudadanía del menor supone la posibilidad de que el mismo pueda ejercitar aquellos derechos que le permiten el libre y armónico desarrollo de su personalidad, así como los que facilitan su participación social y el desarrollo de su autonomía». *Cfr.* Picontó Novales: art. cit. («Fisuras en la protección...»), p. 148, «el derecho de los niños y niñas a la participación es considerado un derecho fundamental de la ciudadanía y podrá ejercitarlo solo a través de la oportunidad de formar parte del proceso de toma de decisiones en la familia, en la escuela y en la comunidad». En todo caso, debe comprenderse que esta ciudadanía no es en potencia, pues, como subraya Ravetllat Ballesté: ob. cit. (*Aproximación histórica...*), p. 83, los niños y adolescentes «Son seres humanos, ciudadanos del presente y, en consecuencia, destinatarios de sus propios derechos», es decir, el menor de edad es un «verdadero agente activo del tráfico jurídico, tanto en lo personal como en lo patrimonial, partícipe directo de la realidad social y las relaciones que le envuelven, y no una mera entelequia o proyecto de futuro del adulto que podrá ser».

[147] Villagrasa Alcaide: art. cit. («Prólogo»), p. xi.

3. La capacidad de ejercicio en los niños y adolescentes en el Derecho español

Corresponde ahora examinar el modelo actualmente vigente en el Derecho español en lo que respecta a la capacidad de ejercicio de los menores de edad. Así, lo primero que se debe tener presente es que, si bien en un principio su Código Civil (1889) se vio influido por la codificación francesa y por ello asumió el modelo tradicional[148], con la suscripción de la Convención sobre los Derechos del Niño y las oportunas reformas a la legislación interna se fue alejando paulatinamente del paradigma decimonónico, para asumir lo que se ha denominado «modelo convencional».

La aludida transformación no puede decirse que haya sido lineal[149], sino que resultó ser un proceso acompasado e incluso posee atisbos en reformas

---

[148] RAVETLLAT BALLESTÉ: art. cit. («¿Por qué dieciocho...»), pp. 137 y 152, comenta que el Código Civil de 1889 representó un «verdadero cambio de sistema» en relación con el Derecho histórico español –influjo del Derecho romano y las particularidades del Derecho germánico–, y por tanto «no fundamenta la capacidad de obrar de las personas en atención a su aptitud intelectiva y volitiva –facultad de entender y querer– sino que la delimita en función de un criterio estrictamente cronológico. Se quiere, con ello, evitar la realización de continuos juicios subjetivos de valor para descifrar el verdadero nivel de desarrollo y la capacidad de autogobierno que presentan los sujetos en la ejecución concreta de cada uno de los negocios jurídicos en los que participan». Sin embargo, «en las reformas operadas en el texto del Código Civil a partir de los años 80, parece vislumbrarse una clara apuesta por procurar, cada vez en mayor grado o medida, una interdependencia y corresponsabilidad entre la capacidad y la aptitud concreta para actuar del individuo. Tras la Ley de 13 mayo de 1981, que se presenta como la norma que principió esta nueva sensibilidad y forma de proceder, expresiones del estilo 'suficiente madurez' o 'suficiente juicio' empiezan a proliferar a lo largo de toda nuestra legislación civil. Precisamente, el enunciado 'ser escuchado si tuviere suficiente juicio', aplicado en nuestro caso a las personas menores de edad, es la mejor muestra de esta nueva dimensión del desarrollo evolutivo en el ejercicio directo de los derechos y la asunción de las responsabilidades».

[149] Como comentan RAJMIL y LLORENS: art. cit. («Apuntes acerca...»), p. 96, «La introducción del nuevo paradigma no irrumpe de manera inmediata, sino luego de un largo

o institutos previos a la Convención, fundamentalmente gracias a la Constitución de 1978, que introdujo innovaciones relevantes en materia de los derechos fundamentales. En tal sentido, es cristalino comprender que los movimientos que impulsaron la Convención también influyeron en la legislación, doctrina y jurisprudencia española antes de que el texto internacional entrara en vigor[150]. Sin embargo, ello no le resta valor al hecho de que la Convención personificó el movimiento ideal para que, a partir de su doctrina, se reflexionara con mayor ímpetu por parte de los legisladores[151], se abandonara por completo el esquema rancio y paladinamente contrario a los derechos de la

---

proceso de análisis, comprensión y aceptación gradual. MARTÍNEZ ALCORTA señala que los paradigmas no se suceden unos a otros de manera lineal, sino que suelen coexistir y confrontar en prolongados periodos hasta que uno de ellos se impone al otro, como en el caso que nos ocupa, permitiendo así el avance de la ciencia».

[150] Por ejemplo, el autor más representativo en esta línea de pensamiento fue DE CASTRO Y BRAVO, Federico: *Derecho Civil de España*. Tomo II. Instituto de Estudios Políticos. Madrid, 1952, pp. 174-176, quien señala: «La limitación de la capacidad de obrar del menor habrá de estar en cada caso justificada jurídicamente, y en este sentido puede decirse que es excepcional», «Ninguna disposición del Código Civil permite inferir una incapacidad absoluta del menor». *Cfr.* DE COSSÍO CORRAL: ob. cit. (*Instituciones de Derecho...*), p. 86, afirmaba: «En el Derecho español vigente ha de rechazarse la idea de que el menor se halle afectado por una incapacidad absoluta de obrar, sin otras excepciones que las concretamente establecidas en la ley, lo que supondría una presunción de incapacidad, salvo prueba de especial concesión en cada caso, y admitirse, en cambio, que se trata de una capacidad de obrar limitada solo en la medida en que sea necesario para el amparo de los intereses del menor». Por su parte, DÍEZ-PICAZO y GULLÓN: ob. cit. (*Instituciones de Derecho...*), pp. 136-138, al referirse a las modernas leyes reformadoras del Código destaca que ellas «se inclinan por una dependencia entre capacidad y amplitud concreta de la persona que se trate, prescindiendo del dato objetivo de la edad. Tal orientación parece peligrosa por arbitraria e insegura, pues deja la apreciación de la capacidad real, que se traduciría en el reconocimiento de capacidad de obrar jurídica, a un juicio subjetivo», aunque por otra parte reconoce: «La cantidad de actuaciones que se permiten al menor (…) indican claramente que no es por principio un incapaz de obrar».

[151] En este sentido, expresa RAVETLLAT BALLESTÉ: ob. cit. (*Aproximación histórica...*), p. 92, «la Convención sobre los Derechos del Niño se ha erigido en un claro referente y en un criterio inspirador de toda la producción legislativa elaborada en nuestro país. Esta verdadera constitución o estatuto universal de la niñez, como se ha calificado por nuestra doctrina, ha marcado un evidente antes y un después en el tratamiento irrogado a las personas menores de edad en nuestro sistema normativo».

infancia y con ello se incorporara en las leyes respectivas fórmulas más acordes con la dignidad de los niños y adolescentes.

En resumen, como indica SANCHO CASAJUS, «En la doctrina civilística moderna se considera que el menor de edad no es un incapaz, sino simplemente que tiene limitada su capacidad de obrar en la medida en que sus capacidades intelectuales y emocionales están todavía en desarrollo y no han alcanzado su plenitud»[152].

3.1. Reglas generales en materia de capacidad de ejercicio de los niños y adolescentes

El nuevo modelo de capacidad se construye a través de diversos instrumentos normativos de importancia capital en la materia; por un lado, según algunas reformas del Código Civil –principalmente a partir de 1981– y, por otro, a tenor de la Ley Orgánica 1/1996 de Protección Jurídica del Menor, de modificación parcial del Código Civil y de la Ley de Enjuiciamiento Civil, y sus sucesivas reformas[153].

En cuanto al Código Civil, son relevantes las siguientes disposiciones: 154, 162 y 1263.1, que se comentarán *infra*. Por su parte, la Ley Orgánica de Protección Jurídica del Menor es sumamente sugestiva en este punto, pues su texto estuvo directamente influido por la Convención; de allí que la «Exposición de motivos» señale como justificación de su normativa los siguientes razonamientos:

> Las transformaciones sociales y culturales operadas en nuestra sociedad han provocado un cambio en el *status* social del niño y como consecuencia de ello, se ha dado un nuevo enfoque a la construcción

---

[152] SANCHO CASAJUS: art. cit. («Los derechos de la personalidad...»), p. 68.
[153] Indica ROCHA ESPÍNDOLA: art. cit. («La persona del menor...»), p. 76, que «El régimen de la capacidad de obrar del menor está contenido fundamentalmente en el Código Civil, si bien de forma dispersa y con carácter fragmentario, y además es el sedimento de varios aportes legislativos, la más importante es la Ley 1/1996».

del edificio de los derechos humanos de la infancia. Este enfoque reformula la estructura del derecho a la protección de la infancia vigente en España y en la mayoría de los países desarrollados desde finales del siglo XX, y consiste fundamentalmente en el reconocimiento pleno de la titularidad de derechos en los menores de edad y de una capacidad progresiva para ejercerlos. El desarrollo legislativo postconstitucional refleja esta tendencia, introduciendo la condición de sujeto de derechos a las personas menores de edad. Así, el concepto «ser escuchado si tuviere suficiente juicio» se ha ido trasladando a todo el ordenamiento jurídico en todas aquellas cuestiones que le afectan. Este concepto introduce la dimensión del desarrollo evolutivo en el ejercicio directo de sus derechos. Las limitaciones que pudieran derivarse del hecho evolutivo deben interpretarse de forma restrictiva (...) El ordenamiento jurídico, y esta Ley en particular, va reflejando progresivamente una concepción de las personas menores de edad como sujetos activos, participativos y creativos, con capacidad de modificar su propio medio personal y social; de participar en la búsqueda y satisfacción de sus necesidades (...) El conocimiento científico actual nos permite concluir que no existe una diferencia tajante entre las necesidades de protección y las necesidades relacionadas con la autonomía del sujeto, sino que la mejor forma de garantizar social y jurídicamente la protección a la infancia es promover su autonomía como sujetos. De esta manera podrán ir construyendo progresivamente una percepción de control acerca de su situación personal y de su proyección de futuro. Este es el punto crítico de todos los sistemas de protección a la infancia en la actualidad. Y, por lo tanto, es el reto para todos los ordenamientos jurídicos y los dispositivos de promoción y protección de las personas menores de edad...

Los párrafos en referencia aluden a lo que se ha denominado por la doctrina como capacidad natural, progresiva o evolutiva; siendo que en la Ley Orgánica de Protección Jurídica del Menor tiene anclaje tal modelo en las siguientes disposiciones:

Artículo 2.- (...) Las limitaciones a la capacidad de obrar de los menores se interpretarán de forma restrictiva.

La anterior premisa básica en la materia[154] ha sido complementada sustancialmente a través de la reforma realizada por la Ley Orgánica 8/2015, donde se condicionan las posibles limitaciones al «interés superior del menor», siendo que:

... 2. A efectos de la interpretación y aplicación en cada caso del interés superior del menor, se tendrán en cuenta los siguientes criterios generales (...) b. La consideración de los deseos, sentimientos y opiniones del menor, así como su derecho a participar progresivamente, en función de su edad, madurez, desarrollo y evolución personal, en el proceso de determinación de su interés superior (...) 3. Estos criterios se ponderarán teniendo en cuenta los siguientes elementos generales: a. La edad y madurez del menor (...) c. El irreversible efecto del transcurso del tiempo en su desarrollo. d. La necesidad de estabilidad de las soluciones que se adopten para promover la efectiva integración y desarrollo del menor en la sociedad, así como de minimizar los riesgos que cualquier cambio de situación material o emocional pueda ocasionar en su personalidad y desarrollo futuro. e. La preparación del tránsito a la edad adulta e independiente, de acuerdo con sus capacidades y circunstancias personales...[155].

---

[154] RUIZ JIMÉNEZ: art. cit. («La capacidad del menor»), p. 38, sostiene que «respecto a la capacidad del menor, en la Exposición de motivos se hace un alarde de la titularidad de derechos del menor, de la adquisición progresiva de la capacidad del menor para poder ejercer esos derechos, etc., por lo que se tiene la sensación de que se va a hacer una escrupulosa regulación sobre el tema, pero al leer el articulado de la Ley, solo se hace referencia a la capacidad para decir que las limitaciones a la misma, se aplicarán con carácter restrictivo. Se podía haber especificado que el menor hasta llegar a la mayoría de edad pasa por distintas fases en su evolución que suponen una adquisición gradual de la capacidad, haber hecho una delimitación de las mismas, e incluso una enumeración de los distintos actos que puede o no puede realizar el menor en cada etapa». Las reformas posteriores –como se verá *infra*– mejoran parcialmente el panorama, empero lo cierto es que todavía no existe una «regulación uniforme y clara» sobre la capacidad de obrar del niño y del adolescente.

[155] VARELA CASTRO: art. cit. («El interés del menor...»), p. 14, al comentar la reforma señala que «el nuevo artículo 2 (...) ahora incluye una lista de criterios generales para

Otros artículos de la Ley Orgánica de Protección Jurídica del Menor, que promocionan este modelo de capacidad son los referidos al derecho a la información que debe ser «adecuada a su desarrollo» (artículo 5.1)[156], el derecho a la participación con el objetivo de su «incorporación progresiva a la ciudadanía activa» (artículo 7.1), el derecho a ser oído en cualquier procedimiento según su «desarrollo evolutivo», «teniéndose debidamente en cuenta sus opiniones, en función de su edad y madurez»[157] y ejerciéndolo directamente «cuando tenga suficiente madurez» (artículo 9.1 y 2)[158]; en materia de medidas para facilitar el ejercicio de los derechos se debe perseguir su «efectivo ejercicio» pudiendo el propio menor de edad «solicitar», «poner», «plantear» o «presentar» directamente trámites o diligencias (artículo 10.1 y 2), especialmente las «Administraciones Públicas facilitarán a los menores la asistencia adecuada para el ejercicio de sus derechos» (artículo 11.1)[159].

---

interpretar y aplicar el interés del menor (…) se trata de criterios no desconocidos ya que previamente han sido barajados por la doctrina y la jurisprudencia para determinar el contenido del concepto del interés del menor (…) tales previsiones no pueden ser desconocidas a la hora de dar sentido al contenido de los artículos 1263.1 o 162.2.1 del Código Civil».

[156] La Ley 26/2015, de 28 de julio, de Modificación del Sistema de Protección a la Infancia y a la Adolescencia en la reforma añade: «adaptada a cada etapa evolutiva».

[157] Según modificación de la Ley Orgánica 8/2015. *Vid.* la Ley 14/2010, de 27 de mayo, de los Derechos y las Oportunidades en la Infancia y la Adolescencia de Cataluña, la cual, declara en su «Preámbulo», que el intrumento persigue: «conseguir una mayor responsabilización social de los niños y los adolescentes, sobre todo por la vía de incrementar su participación social», al efecto «hablamos de los nuevos caminos que es necesario abrir y que deben permitir a los niños y a los jóvenes su pleno desarrollo como ciudadanos. Así, esas oportunidades deben traducirse, entre otras, en el establecimiento de canales e instrumentos para hacer que se oiga la voz de niños y adolescentes, para hacer expresa su participación en la toma de decisiones en la comunidad y, en definitiva, para facilitar su futuro encaje, como personas responsables, en la sociedad adulta», ya que en definitiva la «participación del niño o el adolescente en todo lo que le afecta es lo que configurará su estatus de ciudadano».

[158] La Ley Orgánica 8/2015, aclara en este mismo artículo: «La madurez habrá de valorarse por personal especializado, teniendo en cuenta tanto el desarrollo evolutivo del menor como su capacidad para comprender y evaluar el asunto concreto a tratar en cada caso. Se considera, en todo caso, que tiene suficiente madurez cuando tenga 12 años cumplidos».

[159] Para Ravetllat Ballesté: art. cit. («¿Por qué dieciocho…»), p. 153, las diversas modificaciones al Código Civil y a la Ley Orgánica 1/1996, tienen como objetivo

El nuevo Capítulo III de los deberes del menor de edad de la Ley Orgánica de Protección Jurídica del Menor[160] establece que ellos deberán asumir y cumplir sus obligaciones «de acuerdo a su edad y madurez» (artículo 9 *bis*), así como «participar y corresponsabilizarse en el cuidado del hogar y en la realización de las tareas domésticas de acuerdo con su edad, con su nivel de autonomía personal y capacidad» (artículo 9 *ter*).

Las normas parcialmente reproducidas permiten concluir que en la actualidad nos encontramos ante un sistema mixto[161], aunque preferentemente subjetivo, ello en el entendido que se integra de varios criterios a los fines de determinar la capacidad de ejercicio de los niños y adolescentes, la ponderación de la edad –que no es determinante, sino establece una presunción– y de la madurez –la cual es concretizada para cada individuo, según la relación jurídica específica[162] y su interés superior, que también implica un juicio concreto del caso examinado[163]–.

«el de promover, en la medida de lo posible, la ampliación de la capacidad de obrar del menor de edad en todo aquello que no le perjudique y conlleve, además, un impulso en el desarrollo integral de su personalidad».

[160] Incorporado a través de la Ley 26/2015.

[161] Para García Méndez, citado en Rajmil y Llorens: art. cit. («Apuntes acerca…»), p. 105, este sería «en el cual coexiste la madurez suficiente, cuyo parámetro es el discernimiento del niño, niña o adolescente para el caso concreto que señala la ley, con un sistema de presunciones de capacidad, establecidas a edades prefijadas». En palabras de Ravetllat Ballesté: art. cit. («¿Por qué dieciocho…»), p. 132, en la actualidad se está avanzando «hacia un nuevo modelo, calificado de mixto o ecléctico, caracterizado por combinar el criterio objetivo de la edad con el elemento subjetivo representativo de la capacidad natural». *Cfr.* Rocha Espíndola: art. cit. («La persona del menor…»), p. 78, «en la materia estudiada no se puede hablar, de manera absoluta y concisa de posiciones objetivas o subjetivas, sino que a mi juicio, es la reflexión ecléctica la que impera».

[162] Según Rocha Espíndola: art. cit. («La persona del menor…»), pp. 69 y 70, «Si la capacidad natural, o discernimiento, considerada en general y en abstracto, puede calificarse como categoría jurídica general, ha de ir referida a cada caso concreto, y en relación con el acto o derecho de que se trata, cuya dificultad o importancia pueden determinar que el menor no esté en condiciones de comprender las consecuencias y alcance de su decisión, o de controlar su voluntad».

[163] En efecto sostiene De la Iglesia Monje, María Isabel: «Nueva visión del libre desarrollo de la personalidad del menor: su capacidad de decisión sobre su futuro profesional».

Por lo anterior, la Instrucción de la Fiscalía General del Estado 2/2006 sostuvo que «la capacidad general de los menores no emancipados es variable o flexible, en función de la edad, del desarrollo emocional, intelectivo y volitivo del concreto menor y de la complejidad del acto de que se trate»[164].

Naturalmente, tal fórmula resulta mucho más compleja que el mero criterio objetivo expresado por la regla de la edad para determinar la capacidad de obrar de las personas, ya que demanda un análisis particularizado de cada supuesto donde se ponga especial interés en el ejercicio de los derechos de manera directa por sus titulares.

Ciertamente, aunque el modelo suma algunas complicaciones a los fines de la precisión de la capacidad de ejercicio de los niños y adolescentes, el mismo es coherente con los principios que inspiran el paradigma de la protección integral, por cuanto comulga con la consideración del niño como verdadero sujeto de derecho que posee facultades fundamentales que debe ejercer directamente; el interés superior como «término jurídico indeterminado» que se precisa establecer en cada situación dada; la necesidad de la expresión de su opinión que ha de ser escuchada en los asuntos relevantes donde intervenga, y la comprensión de que el menor de edad es un sujeto que se encuentra en plena evolución de sus aptitudes y, en consecuencia, se debe promover su desarrollo físico, psicológico, moral y social a los fines de su incorporación a la ciudadanía activa. En términos de RAVETLLAT BALLESTÉ,

> la caracterización de la persona menor de edad como individuo en formación y desarrollo dotado de capacidad de obrar, si bien es cierto que

---

En: *Revista Crítica de Derecho Inmobiliario*. N° 737. Madrid, 2013, p. 1812, «La adecuación al interés del menor es, así, el punto de partida y el principio en que debe fundarse toda actividad que se realice en torno a la defensa y a la protección de los menores».

[164] *Vid*. DE VERDA Y BEAMONTE, José Ramón: «El consentimiento de los menores e incapacitados a las intromisiones de los derechos de la personalidad». En: *Actualidad Jurídica Iberoamericana*. N° 1. Valencia, 2014, p. 38. *Cfr.* DE LA IGLESIA MONJE: art. cit. («Nueva visión...»), p. 1808, «la capacidad natural del menor tiene un carácter relativo porque la capacidad requerida para cada acto puede ser distinta».

limitada, propia de nuestros días, solo alcanza a comprenderse en toda su complejidad como resultado de un largo proceso evolutivo que, partiendo de una fase inicial de desconocimiento y negación absoluta de sus derechos, evolucionó, posteriormente, hacia una etapa protagonizada por los tradicionales ordenamientos paternalistas, portadores de un modelo proteccionista de seres considerados débiles, frágiles y dependientes, para transformarse, finalmente, en un sistema jurídico valedor de una percepción del niño, niña y adolescente como verdadero protagonista de su propia existencia, al que se le reconocen ámbitos de actuación autónoma, a tenor siempre de su edad y condiciones de madurez, todo ello siempre presidido e informado por el principio de su interés superior[165].

Como corolario de lo expuesto, se puede postular que la regla general sería que el niño o adolescente es un individuo con capacidad de ejercicio relativa o limitada, que vendría determinada en cada caso según la madurez, la edad que se establezca en las normas especiales, el tipo de relación jurídica y la ponderación de su interés superior.

3.2. Normas especiales en materia de capacidad de ejercicio de los niños y adolescentes

Con la finalidad de facilitar el ejercicio de los derechos y el cumplimiento de los deberes por parte de los niños y adolescentes, el ordenamiento jurídico establece áreas especiales en las cuales se siguen los postulados básicos antes descritos, aunque indicando pautas particulares que facilitan la efectividad de los derechos por parte de los menores de edad.

3.2.1. Derechos patrimoniales

Tradicionalmente, es en la materia de Derecho Civil patrimonial –obligaciones y contratos– donde el legislador se ha preocupado por fijar reglas en

---
[165] RAVETLLAT BALLESTÉ: ob. cit. (*Aproximación histórica...*), p. 91.

materia de capacidad de obrar del menor de edad. No obstante, como se indicó, la doctrina las fue distorsionando para, a partir de las mismas, generalizar pautas para otros sectores disímiles en cuanto a su objeto[166]. En todo caso, recientemente dichas normas han sido retocadas para adecuarlas a la realidad hoy imperante, es decir, al nuevo paradigma de la capacidad evolutiva, no sin recibir críticas en cuanto a la técnica legislativa empleada[167]. Lo cierto es que el Código Civil actualmente señala lo siguiente:

> Artículo 1263.- No pueden prestar consentimiento: 1. Los menores no emancipados, salvo en aquellos contratos que las leyes les permitan realizar por sí mismos o con asistencia de sus representantes, y los relativos a bienes y servicios de la vida corriente propios de su edad de conformidad con los usos sociales...

La disposición parcialmente reproducida se ubica dentro del título que regula los contratos y, más concretamente, al referirse a los «requisitos esenciales», a saber: consentimiento, objeto y causa (artículo 1261 del Código Civil)[168]. Por tanto, pareciera que la regla básica que se desprende del primer enunciado sería que los menores de edad no emancipados no pueden contratar al no poder dar su consentimiento para la formación del contrato, lo que en otras palabras se traduciría a una incapacidad de obrar en materia contractual, añadiéndose algunas hipótesis que excepcionan la referida norma general.

En tal sentido, RAVETLLAT BALLESTÉ comenta que debe tenerse cuidado al interpretar la norma antes transcrita, ya que existe una «... falta de adecuación

---

[166] Ciertamente, apunta RAMOS CHAPARRO: ob. cit. (*La persona y su capacidad...*), p. 280, «el negocio contractual constituye el esquema o marco formal más completo para el desarrollo teórico y aplicación de la categoría de la capacidad de obrar, y tal vez esto haya conducido a la tendencia, intuitiva y simplificadora, a identificar capacidad de obrar y capacidad contractual bajo el recurrente epígrafe de capacidad de obrar general (...) Sin embargo, como ya hemos apuntado, la evolución de la tesis realista pasa por el abandono de este último esquema».

[167] *Vid.* VARELA CASTRO: art. cit. («El interés del menor...»), pp. 16, 46 y ss.

[168] Según PUIG PEÑA: ob. cit. (*Compendio de Derecho...*), t. III. p. 248, «Los esenciales son aquellos sin los cuales el contrato no puede darse; forman parte de su existencia e intervienen en su fondo y configuración».

de las palabras contenidas en el artículo 1263.1 del Código Civil, con la práctica negocial habitual desarrollada por los menores no emancipados», lo cual podría originar que se piense erróneamente que los menores de edad no pueden perfeccionar un contrato, pues:

> Una lectura rápida y poco meditada de su contenido nos empujaría a proclamar que este precepto prohíbe a los menores no emancipados, contrariando así los usos del tráfico y el sentido conferido al párrafo segundo del artículo 2 de la Ley Orgánica 1/1996, de 15 de enero, de protección jurídica del menor, todo tipo de actividad patrimonial. Sin duda, esa falta de simbiosis entre la interpretación gramatical de la citada disposición normativa y la actividad comercial ordinaria desarrollada por los menores no emancipados, ha obligado a tener que recurrir a una exégesis, en ocasiones un tanto forzada, de este precepto del Código Civil[169].

---

[169] RAVETLLAT BALLESTÉ, Isaac: «Responsabilidad negocial de los actos realizados por menores de edad no emancipados. Análisis doctrinal y jurisprudencial». En: *Revista Crítica de Derecho Inmobiliario*. Nº 737. Madrid, 2013, p. 1979. *Cfr.* RUIZ JIMÉNEZ: art. cit. («La capacidad del menor»), p. 33, que al referirse al artículo 1263.1, comenta: «Al leerlo da la sensación de que el menor es una persona incapaz de realizar ningún acto en temas patrimoniales, que tiene una imposibilidad jurídica absoluta, afirmación que no es correcta como veremos». También, VARELA CASTRO: art. cit. («El interés del menor…»), p 29, al examinar la aludida disposición afirma: «sería erróneo concluir que tal precepto sentaba un principio de incapacidad del menor para prestar consentimiento y prueba de ello era el régimen de confirmación a que quedaba sometido el contrato en que era parte un menor. En efecto, tradicionalmente el contrato celebrado por un menor no se sanciona con la nulidad absoluta o de pleno derecho, sino con la anulabilidad». DEL VAS GONZÁLEZ: art. cit. («Estatuto jurídico…»), pp. 2603, 2607 y 2608, destaca que aunque Italia ratifico la Convención –Ley de 27 de mayo de 1991– al reseñar el Código de 1942 punta: «El sujeto que todavía no ha alcanzado la mayor edad viene siendo considerado por el ordenamiento italiano, en términos generales, como sujeto incapaz», aunque seguidamente exprese que «La falta de capacidad de obrar, sin embargo, no implica para el menor una absoluta imposibilidad de realizar actos jurídicos, en cuanto que tales actos, incluso patrimoniales, son productores de efectos jurídicos. De hecho, en el caso de negocios jurídicos celebrados por el menor, en los términos del artículo 1425 del Código Civil, se habla de anulabilidad cuando resulten gravemente lesionados los intereses del menor o aparezca vulnerado el equilibrio sinalagmático, exponiéndolo a riesgos y perjuicios».

Por lo tanto, una adecuada hermenéutica de la norma analizada debe necesariamente incluir el método sistemático[170] y cotejar la disposición bajo foco con las demás reglas que definen los efectos jurídicos que se producen cuando un menor de edad no emancipado presta su consentimiento en la celebración de un contrato. Así pues, tal negocio no es considerado como «inexistente» por falta de un «requisito esencial» para su configuración, sino que es válido –aunque «claudicante en beneficio del menor» en expresión DE CASTRO Y BRAVO[171]– y solo se encuentra condicionada su validez al hipotético ejercicio de una acción de anulabilidad establecida en favor del menor de edad, que además fue el que no debía prestar su consentimiento en principio.

Evidentemente, el menor de edad no emancipado con «capacidad natural» puede ejercer sus derechos económicos y expresar su consentimiento para la celebración de un contrato, ya que, de hecho, si lo hace, ese contrato es válido inicialmente, hasta el momento en que el menor de edad o su representante ejerzan la respectiva acción de anulabilidad, la cual, además, está sometida a un lapso de caducidad; vencido el mismo, el contrato es perfectamente legítimo e inatacable por el tema de la edad[172].

---

[170] Como recuerda GORDILLO CAÑAS: ob. cit. (*Capacidad, incapacidades…*), p. 141, «La ley no se interpreta solo en atención al criterio literal de los términos que emplea; es menester utilizar también el criterio sistemático (…) Los distintos criterios de interpretación han de ir en auxilio del gramatical o literal cuando –entre otras razones– así lo exija el salvar, desde su espíritu y finalidad, la propia coherencia de la ley».

[171] Citado en RAVETLLAT BALLESTÉ: art. cit. («Responsabilidad negocial…»), p. 1979. *Cfr*. MESSINEO: ob. cit. (*Doctrina general…*), p. 85, «el contrato se llama claudicante –cojo–, en el sentido de que el mismo es inatacable por la contraparte capaz».

[172] Para RAVETLLAT BALLESTÉ: art. cit. («Responsabilidad negocial…»), p. 1978, es evidente que «Los menores de edad no emancipados, en la esfera contractual, gozan de una especial protección, es por ello que la doctrina considera que al estudiar la posible eficacia de las relaciones negociales por ellos entabladas, hay que poner en correlación los artículos 1263.1 y 1300 del Código Civil, y llegar con ello a la conclusión de que, en principio y por regla general, son simplemente anulables». Para NIETO ALONSO: art. cit. («Capacidad del menor…»), p. 17, «El menor de edad, no es una persona total y absolutamente incapaz, sino que es una persona con capacidad de obrar 'limitada', ello significa que, como regla general, los contratos celebrados por el menor de edad no son nunca, por razón de edad, contratos absoluta y radicalmente nulos, sino anulables». Todo lo descrito implica según ESPÍN CÁNOVAS, Diego: *Derecho Civil español*.

Por otra parte, un sector de la doctrina ha distinguido el caso en el cual el consentimiento lo presta un menor de edad con «capacidad natural», del otorgado por uno sin madurez suficiente, ya que en este último supuesto se habla de «inexistencia» del consentimiento y, en consecuencia, se postula la nulidad absoluta del contrato y no su nulidad relativa. Tal es la opinión de DE CASTRO Y BRAVO quien comenta: «al menor no se le podía considerar un incapaz absoluto en función de la edad, salvo las excepciones legales, más bien un protegido por el Derecho. Esto se justificaba expresando que el menor solo es incapaz cuando carece de capacidad natural, lo que conlleva a la nulidad de sus actos, pero cuando goce de capacidad natural, el menor puede actuar, si bien sus actos son anulables por ser objeto de protección jurídica y estar sometido a patria potestad o tutela»[173].

Vol. III (obligaciones y contratos). 2ª, Editorial Revista de Derecho Privado. Madrid, 1961, p. 451, que la anulabilidad «sitúa al contrato anulable en una situación incierta en cuanto a su futuro que tanto puede conducir a su anulación y privación de ulteriores efectos, como a su convalidación definitiva, quedando en adelante inimpugnable y produciendo por tanto su plenitud de efectos». Para O'CALLAGHAN, Xavier: *Compendio de Derecho Civil español*. Tomo II (obligaciones y contratos), vol. I. 3ª, EDERSA. Madrid, 2001, p. 221, «no se pone en duda, hoy, que el menor tiene una cierta esfera de capacidad y se destaca que si un acto jurídico concreto no está expresamente excluido o incluido en la esfera de capacidad del menor, se tendrá que examinar, caso por caso, si éste tenía capacidad para celebrarlo».

[173] Parafraseado en ROCHA ESPÍNDOLA: art. cit. («La persona del menor...»), p. 77. Recuerda RAVETLLAT BALLESTÉ: art. cit. («Responsabilidad negocial...»), p. 1970, que cuando «el menor de edad actúe con una falta o carencia absoluta de capacidad natural para entender y querer (...) tanto la doctrina como la jurisprudencia son partidarias de flexibilizar la aplicación e interpretación de los artículos 1261 y 1263 del Código Civil, en relación con el artículo 1301 del mismo cuerpo normativo, y, entender que la nulidad de pleno derecho será de menester tan solo en aquellos contratos realizados por los menores de muy corta edad, por considerar que carecen del intelecto y la voluntad suficientes para comprender la trascendencia de su declaración y las consecuencias que de la misma se deriven, mientras que en el resto de los casos, por defecto, se les aplicará el sistema de la anulabilidad». *Cfr.* NIETO ALONSO: art. cit. («Capacidad del menor...»), p. 42, «Por consiguiente el tipo de ineficacia de tales actos, será, generalmente, la anulabilidad, salvo que el menor no estuviese dotado del discernimiento suficiente o careciere de capacidad natural, en cuyo caso procedería la nulidad radical del negocio por él concluido». Para GÓMEZ TABOADA: art. cit. («Capacidad del otorgante...»), p. 1114, «Diferente supuesto es que el consentimiento no

También, se deja a salvo los asuntos donde la ley establece ya excepciones expresas para algunos contratos –laboral (artículo 164.3 del Código Civil)[174]; aceptar donaciones (artículos 625 y 626 *eiusdem*)[175], entre otros, en concordancia con el artículo 1264 del Código Civil–; o aquellos contratos que sean «relativos a bienes y servicios de la vida corriente propios de su edad de conformidad con los usos sociales».

En lo que respecta a las excepciones introducidas con la reforma del Código Civil en el artículo 1261.1, de la «vida corriente» o conforme con los «usos sociales», ellas vienen a confirmar las tendencias ya incorporadas en la legislación autonómica[176] y a ratificar que la capacidad natural debe ser la regla que marque la directriz en esta materia[177]. Esta última fórmula, para RAVETLLAT BALLESTÉ, implica:

---

haya mediado de ninguna manera: es decir, la ausencia total del mismo. En estos casos el acto en sí mismo no existe, por falta de uno de los requisitos esenciales, y la acción que procedería ejercitar sería la de nulidad absoluta o inexistencia»; *cfr.* PUIG PEÑA: ob. cit. (*Compendio de Derecho...*), t. III. p. 350, «Los celebrados por un incapaz son anulables, a no ser que éste posea una total incapacidad natural –niño, por ejemplo–, en cuyo caso son inexistentes».

[174] Para ser más específico a partir de los 16 años puede el adolescente celebrar contratos de trabajo con autorización expresa o tácita de su representante legal (artículo 7.b del Estatutos de los Trabajadores) y en consecuencia realizar actos de administración de los bienes adquiridos con su trabajo. Antes de dicha edad si el adolescente ha actuado con capacidad natural el contrato no puede ser atacado por la contraparte por tema de la edad y puede en consecuencia el menor de edad exigirse su cumplimiento, salvo en aquellos aspectos que lesione derechos fundamentales del niño o adolescente, como lo sería si tiene como objeto trabajos calificados como nocivos, lo cual obligaría a tomar medidas de protección por la Administración.

[175] Otro negocio jurídico de carácter patrimonial donde se reconoce capacidad de obrar a los menores de edad, por existir una excepción expresa, es el testamento desde los 14 años de edad, salvo el ológrafo (artículos 663.1 y 688 *eiusdem*).

[176] *Vid.* Código del Derecho Foral de Aragón (Decreto legislativo 1/2011, de 22 de marzo): «Artículo 7. Capacidad del menor. 1. El menor que tenga suficiente juicio podrá por sí solo: a. Ejercer los derechos de la personalidad. b. Otorgar los actos y contratos propios de la vida corriente del menor que, estando al alcance de su capacidad natural, sean conformes a los usos sociales. c. Llevar a cabo otros actos que, de acuerdo con las leyes, pueda realizar sin necesidad de representación o asistencia. 2. Las limitaciones a la capacidad de obrar del menor se interpretarán de forma restrictiva»; por su

… en primer lugar, reconocer al individuo, desde épocas muy tempranas, un campo de actuación particular, que se verá progresivamente ampliado en la medida en que los usos sociales ligan esa creciente capacidad de actuación autónoma a la edad de los sujetos; en segunda instancia, permitir que el menor de edad vaya tomando parte en el tráfico jurídico, pero mediante la realización de actuaciones que difícilmente podrán entrañar riesgos importantes para su patrimonio; y, por

parte el Libro Segundo del Código Civil de Cataluña, relativo a la familia y la persona (Ley 25/2010, de 29 de julio): «Artículo 211-5. Minoría de edad. El menor puede hacer por sí solo, según su edad y capacidad natural, los siguientes actos: a. Los relativos a los derechos de la personalidad, salvo que las leyes que los regulen establezcan otra cosa. b. Los relativos a bienes o servicios propios de su edad, de acuerdo con los usos sociales. c. Los demás actos que la ley le permita», al respecto el «Preámbulo» señala: «En cuanto a la capacidad de la persona, el libro segundo pone el acento en la capacidad natural como criterio que fundamenta la atribución de la capacidad de obrar, de acuerdo con lo dispuesto por el Código Civil, de modo que, combinada con la edad, permite hacer una valoración gradual, no estrictamente seccionada en etapas a lo largo de la vida de la persona». Véase la sentencia del Tribunal Supremo, del 10-06-91, que indica: «resulta incuestionable que los menores de edad no emancipados vienen realizando en la vida diaria numerosos contratos para acceder a lugares de recreo y esparcimiento o para la adquisición de determinados artículos de consumo, ya directamente en establecimientos abiertos al público, ya a través de máquinas automáticas, e incluso de transporte en los servicios públicos, sin que para ello precisen de la presencia inmediata de sus representantes legales» citada en RAVETLLAT BALLESTÉ: art. cit. («Responsabilidad negocial…»), p. 1972. Véase también el artículo 1148 del Código Civil francés según su última reforma del derecho de los contratos, del régimen general y de la prueba de las obligaciones (*Ordonnance* N° 2016-131, del 10-02-16, *JO* N° 0035, del 11-02-16, https://www.legifrance.gouv.fr).

[177] El parecer de NIETO ALONSO: art. cit. («Capacidad del menor…»), p. 6, es que «a raíz de la reforma por la citada Ley 26/2015 de algún precepto del Código Civil, como el artículo 1263.1, se atisba un horizonte más permisivo con la eficacia de los negocios concertados por menores, en especial, cuando por haber llegado a cierta edad se les presuma que tienen capacidad natural». En palabras de RAMOS CHAPARRO: ob. cit. (*La persona y su capacidad…*), pp. 205 y 246, la tendencia pretende «rejuvenecer y desarrollar con el triunfo de la noción realista. A través de la identificación de la capacidad de obrar con la capacidad psicológica de autogobierno personal», añadiendo además que «tales actos menudos, que no dejan por ello de ser jurídicos –en cuanto a su eficacia–, manifiestan muy bien el carácter siempre graduable o variable de la capacidad de obrar como presupuesto jurídico de la actuación eficaz del sujeto».

último, garantizar suficientemente el principio de seguridad jurídica, puesto que es precisamente una difundida valoración social acerca de estos actos que un menor de edad puede ejecutar, en vinculación directa con su edad, la que delimita el campo de actuación jurídicamente eficaz del menor de edad[178].

Ciertamente, como apunta NIETO ALONSO, «Es un hecho constatado que los menores contratan y que lo hacen en un volumen nada despreciable, también, resulta evidente que existen cánones o criterios sociales de admisión de esta actuación negocial, siempre en función del desarrollo del menor, sobre todo de su capacidad natural, del tipo de negocios celebrados y de los usos sociales, en atención a la vida real, en la cual los menores desarrollan una actividad contractual creciente con arreglo a su edad y a los usos»[179].

Finalmente, no podemos cerrar este punto sin advertir que el legislador ha reiterado su «timidez» en esta materia y pareciera que su posición es en extremo conciliadora, pues mantiene la norma tradicional para posiblemente mantener «contentos» a los civilistas, que les cuesta aceptar que los menores de edad puedan actuar en materia patrimonial y, al mismo tiempo, a través de las excepciones incorporadas con la reforma, se acerca a la visión que vienen impulsando y sosteniendo los especialistas en Derecho de la Niñez y Adolescencia que partiendo de la Convención sobre los Derechos del Niño y de los demás instrumentos de avanzada, patrocinan un parámetro común en materia de capacidad de obrar como es la capacidad natural. En este contexto VILLAGRASA ALCAIDE, opina:

---

[178] RAVETLLAT BALLESTÉ: art. cit. («Responsabilidad negocial...»), pp. 1984 y 1985.
[179] NIETO ALONSO: art. cit. («Capacidad del menor...»), p. 9. Sostiene RAMOS CHAPARRO: ob. cit. (*La persona y su capacidad...*), p. 245, «la capacidad de obrar legal es un presupuesto característico de la subjetividad activa patrimonial, que, sin embargo, conoce importantes matices, excepciones legales y quiebras prácticas muy reveladoras de su flexibilidad y subordinación última a los principios personalistas, que imponen algún grado de reconocimiento y respecto al autogobierno incipiente de la pubertad y la adolescencia».

> ... en las personas menores de edad se produce una evidente tensión socialmente restrictiva a su independencia, que contrasta de manera significativa con la determinación legal de su autonomía progresiva, su capacidad para ir ejerciendo sus derechos de acuerdo con su madurez paulatina, y la interpretación restrictiva a cualquier límite que se quiera imponer a su independencia, siempre basada en su beneficio e interés. He aquí el doble rasero, a menudo mal empleado, por el que se siguen limitando los derechos de la infancia y la adolescencia, desde un pretendido interés hacia ellos, que realmente significa negarles la oportunidad de ejercerlos de manera libre y consciente, para, de ese modo, ser conscientes de sus deberes, impuestos por la convivencia pacífica y democrática y el respeto a los derechos del prójimo[180].

En tal orden, sería más sencillo y acertado –a nuestro juicio– que la norma jurídica en comentario (artículo 1263.1 del Código Civil) indicara que los menores de edad no emancipados son capaces para contratar si posen capacidad natural, salvando que el contrato así celebrado podrá ser anulable, a solicitud del menor de edad, si el mismo es claramente desventajoso para él lesionando su interés superior[181].

En definitiva, VARELA CASTRO sostiene: «hoy en día no solo la doctrina considera que el menor no es un incapaz, sino que éste es el criterio que utiliza el legislador en el artículo 2.2 de la Ley Orgánica de Protección Jurídica del Menor al indicar que las limitaciones a la capacidad de obrar de los menores se interpretarán de forma restrictiva. Por lo tanto, los menores tienen capacidad de obrar limitada, pero tales limitaciones son la excepción a la regla general de capacidad, de manera que poseen la aptitud necesaria para realizar actos que la ley no les prohíba, con la condición de que tengan capacidad

---

[180] VILLAGRASA ALCAIDE: art. cit. («El derecho de la persona...»), p. 41.
[181] Cfr. NIETO ALONSO: art. cit. («Capacidad del menor...»), p. 12, «hubiese sido más acertado establecer la regla general de capacidad contractual mediante la referencia a los contratos que el menor pueda realizar por sí mismo porque las leyes se lo permiten y los contratos que pueda realizar de acuerdo con sus condiciones de madurez y los usos sociales y en todo caso en aras de su beneficio».

natural suficiente para ello»[182]. El mismo razonamiento debería operar en materia contractual –así como en los demás asuntos[183]– y, en consecuencia, fijarse de manera expresa y cristalina –como agua de manantial– que los menores de edad que posean capacidad natural tienen capacidad de obrar para contratar y las limitaciones que se pudieran establecer deberían ser expresas.

3.2.2. Derechos de la personalidad

El área de los derechos de la personalidad ha sido una donde más claro se ha observado el impacto del nuevo modelo y, por tanto, en la que se escucharon las primeras voces de protesta sobre el esquema tradicional de capacidad de ejercicio. En tal sentido, el Código Civil incorpora en su articulado la siguiente disposición:

> Artículo 162.- Los padres que ostenten la patria potestad tienen la representación legal de sus hijos menores no emancipados. Se exceptúan: 1. Los actos relativos a los derechos de la personalidad que el hijo, de acuerdo con su madurez, pueda ejercitar por sí mismo. No obstante,

---

[182] VARELA CASTRO: art. cit. («El interés del menor…»), p. 19. *Cfr.* Ley 14/2010, de 27 de mayo, de los Derechos y las Oportunidades en la Infancia y la Adolescencia de Cataluña: «1. Los niños y los adolescentes pueden ejercer y defender ellos mismos sus derechos, salvo que la Ley limite este ejercicio. En cualquier caso, pueden hacerlo mediante sus representantes legales, siempre y cuando no tengan intereses contrapuestos a los propios. 2. Las limitaciones a la capacidad de obrar de los niños y los adolescentes deben interpretarse siempre de modo restrictivo. 3. Los niños y los adolescentes, con el objeto de pedir información, asesoramiento, orientación o asistencia, pueden dirigirse personalmente a las administraciones públicas encargadas de su atención y protección, incluso sin el conocimiento de sus progenitores, tutores o guardadores, en particular si la comunicación con estos puede frustrar la finalidad que se pretende. Con el mismo objetivo también pueden dirigirse al Ministerio Fiscal, al *Síndic de Greuges* o a los defensores del pueblo o defensores locales de la ciudadanía…» (artículo 17).

[183] RAMOS CHAPARRO: ob. cit. (*La persona y su capacidad…*), p. 204, «En la noción realista, la capacidad de obrar debe identificarse tendencialmente con la capacidad natural en todos los sectores del Derecho privado, aunque sea como límite mínimo a partir del cual comienzan a producirse determinados efectos».

los responsables parentales intervendrán en estos casos en virtud de sus deberes de cuidado y asistencia...[184].

Claramente, es en materia de los derechos de la personalidad donde se palpa con mayor nitidez la operatividad de la capacidad progresiva, pues, como indica ROCHA ESPÍNDOLA, «Dicha capacidad natural lo habilita para poder realizar por sí mismo los actos relativos a los derechos de la personalidad según dispone el artículo 162.1 del Código Civil. Debe tenerse en cuenta que la capacidad natural se alcanzará a distinta edad por cada persona, y que un mismo menor puede tener madurez suficiente para decidir sobre determinadas materias y carecer de ella para decidir otras»[185]. En otras palabras, es en estas facultades, que, como se sabe, están íntimamente ligadas al individuo, donde mayor necesidad existe en que su ejercicio no se separe del titular y se delegue, por ejemplo, a un representante; de allí que el modelo que más se adecua a su naturaleza sea el de la capacidad natural.

Por otra parte, el tratamiento de las categorías derechos patrimoniales y derechos de la personalidad encuentran justificación en las palabras de SANCHO CASAJUS:

---

[184] Esta disposición tiene su origen en la reforma de Código Civil de 1981, siendo recientemente modificada a través de la Ley 26/2015. Sobre la versión de 1981, VARELA CASTRO: art. cit. («El interés del menor...»), p. 18, sostiene que «la virtualidad del artículo 162.1 del Código Civil era precisamente recoger la capacidad de obrar del menor con carácter general, lo que con su nueva redacción es difícil de sostener». Vid. Código del Derecho Foral de Aragón (artículo 7.1.a) y Código Civil de Cataluña (artículos 211-3 y 211-5).

[185] ROCHA ESPÍNDOLA: art. cit. («La persona del menor...»), p. 67. Comenta DEL VAS GONZÁLEZ: art. cit. («Estatuto jurídico...»), p. 2613, «En los últimos años se ha desarrollado en el ordenamiento jurídico italiano una nueva corriente legislativa tendente a reconocer cada vez mayor capacidad al menor, en especial en aquellos contextos en los que está implicada su personalidad, pudiendo realizar actos jurídicos válidos y vinculantes, sin perjuicio de la intervención judicial dirigida a evaluar su efectiva madurez. Tanto la doctrina como la jurisprudencia acuden con frecuencia al criterio de la capacidad de discernimiento del menor para valorar si su opinión merece ser tenida en consideración, por estar basada en una madurez que le permita realizar una elección suficientemente meditada, y si tal elección responde efectivamente a las necesidades y circunstancias del menor en cada momento».

Este criterio de capacidad natural como sinónimo de capacidad de obrar se propugna tanto en el ámbito de la patrimonial como en el ámbito de la personalidad del menor. Lo que ocurre es que en el ámbito de los derechos de la personalidad, como afectan a intereses existenciales del menor, la apreciación de la existencia de la madurez necesaria debe hacerse de forma rigurosa ya que en definitiva están en juego la libertad y la igualdad de las personas. En el aspecto patrimonial, por el contrario, no quedan tan directamente afectados los derechos de la personalidad del menor al no recaer sobre cualidades directas del individuo; y además en el ámbito patrimonial no solo están afectados los derechos de los interesados sino también los derechos de terceros lo que implica que para garantizar la seguridad económica debe saber con exactitud dicho tercero con quien tiene que contratar y como tiene que contratar[186].

Además, otras leyes desarrollan dentro de su normativa disposiciones especiales, a saber: Ley Orgánica 1/1982, de 5 de mayo, de Protección Civil de los Derechos al Honor, a la Intimidad Personal y Familiar y a la Propia Imagen, condiciona a la madurez de los menores de edad el expresar su voluntad para autorizar la intromisión de terceros a sus derechos a la personalidad (artículo 3.1)[187]. De igual forma, la Ley Orgánica de Protección Jurídica del Menor lo supedita a que en ningún caso dicha «intromisión» implique un «menoscabo de su honra o reputación, o que sea contraria a sus intereses» (artículo 4.3).

Al respecto, comenta DE VERDA Y BEAMONTE que «Se trata de una norma impregnada por el principio constitucional de libre desarrollo de la personalidad, que lleva a consideran que, en los actos jurídicos que no afectan a intereses puramente patrimoniales, sino a la dimensión personal del ser humano,

---

[186] SANCHO CASAJUS: art. cit. («Los derechos de la personalidad...»), pp. 68 y 69.
[187] Nos dice RAMOS CHAPARRO: ob. cit. (*La persona y su capacidad...*), p. 256, sobre dicha normativa: «Por muy sibilina e inconcreta que pueda resultar la redacción textual de esta norma, su espíritu evidente es el reconocimiento de la capacidad natural –o de entender, o autogobierno mínimo– en el ámbito del ejercicio de los derechos fundamentales reconocidos por el artículo 18.1 de la Constitución, de modo análogo a lo que sucede en el campo de las relaciones familiares, y, en general, en todas las situaciones personalísimas».

los menores e incapacitados deben poder ejercitarlos, si se hallan en condiciones de poder apreciar y querer sus consecuencias, lo que, inexorablemente, remite a la apreciación judicial»[188].

Por su parte, Ley Orgánica 15/1999, de 13 de diciembre de Protección de Datos de Carácter Personal, requiere el consentimiento del afectado para el tratamiento de los datos personales, siendo que el Reglamento (Real Decreto 1720/2007, de 21 de diciembre), dispone en el artículo 13 que los adolescentes de 14 años podrá dar su consentimiento para el tratamiento de datos[189].

---

[188] DE VERDA Y BEAMONTE: art. cit. («El consentimiento de los menores...»), p. 38. *Cfr.* DE LA IGLESIA MONJE: art. cit. («Nueva visión...»), p. 1816.

[189] *Vid.* DE LA IGLESIA MONJE, María Isabel: «El consentimiento de ambos progenitores, la publicación de fotos en las redes sociales y el supremo interés del menor». En: *Revista Crítica de Derecho Inmobiliario*. N° 752. Madrid, 2015, p. 3621, donde destaca que actualmente para los menores de edad el «Internet es un hecho, una parte importante en sus vidas, una realidad con la que han crecido y en la que se relacionan y desenvuelven con gran soltura. Son usuarios intensivos tanto de servicios de Internet como de las redes sociales, pero pese a ello no siempre son conscientes de los riesgos que entraña la red ni de la importancia de proteger su información personal», ello lleva a ponderar que justamente en este campo, los niños y adolescentes, son proclives a ejercer directamente sus derechos y en sintonía a tener capacidad natural. *Cfr.* La Observación General N° 17, «Las tecnologías de la información y de las comunicaciones se están convirtiendo en una dimensión central de la realidad diaria de los niños. Hoy día, los niños se desplazan sin problemas entre el mundo real y el mundo virtual. Estas plataformas ofrecen enormes beneficios –educativos, sociales y culturales–, y se alienta a los Estados a que adopten todas las medidas necesarias para velar por que todos los niños tengan las mismas oportunidades de obtener esos beneficios. El acceso a Internet y a los medios sociales es fundamental para el ejercicio de los derechos consagrados en el artículo 31 en el mundo globalizado» (párrafo 45), «Sin embargo, el Comité está preocupado por el creciente *corpus* de pruebas que indican que esos entornos, y el tiempo que los niños dedican a interactuar con ellos, pueden representar también un riesgo y un daño considerables para los niños. Por ejemplo: El acceso a Internet y a los medios sociales expone a los niños al ciberacoso, la pornografía y la manipulación psicológica» (párrafo 46). Sobre los riesgos en materia de tecnología de la información y comunicación que pueden correr los menores de edad, véase la Observación General N° 13, sobre el derecho del niño a no ser objeto de ninguna forma de violencia (2011), párrafo 31, en particular se requiere «Garantizar que la legislación pertinente brinde una protección adecuada a los niños en relación con los medios de

Más recientemente, el Tribunal Supremo se ha pronunciado sobre el libre desarrollo de la personalidad de los menores de edad, en especial con relación a decidir sobre el futuro profesional, donde justamente un aspecto que prioriza es la capacidad natural del niño o adolescente y su influencia en la decisión sobre el ejercicio de este derecho, lo cual privaría sobre la representación de los padres[190].

Otro aspecto en el cual se ha reconocido capacidad natural en los menores de edad es en el ámbito sanitario. Sobre el tema, VILLAGRASA ALCAIDE comenta:

> ... la solución que la ley ofrece para los casos de atención sanitaria necesaria para las personas menores de edad no consentida por sus progenitores u otros responsables legales, se mantiene «a criterio del médico responsable de la asistencia», la determinación de las situaciones en las que el paciente no sea capaz de tomar decisiones, y se sigue manteniendo inalterable, desde la Ley Orgánica 1/1996, de 15 de enero, que cuando el paciente menor de edad no sea capaz intelectual ni emocionalmente de comprender el alcance de la intervención facultativa se prestará el consentimiento por su representante legal, después de haber escuchado su opinión, sin mayor repercusión sobre tal expresión de la voluntad de la persona menor de edad. Incluso en los casos de menores emancipados, o mayores de 16 años de edad, sobre los que legalmente se establece que no procede la sustitución de su consentimiento en este ámbito, se llega a plantear expresamente la excepción «cuando se trate de una actuación de grave riesgo para la vida o salud del menor», según el

---

comunicación y las TIC», así como «adoptar medidas de apoyo para educar y asesorar en materia de protección en relación con las TIC» (párrafos 41.g y 44.a); también la Observación General N° 16, «Los medios de comunicación digitales son motivo de especial preocupación, ya que muchos niños pueden acceder a Internet y ser también víctimas de la violencia, como el acoso cibernético, la captación con fines sexuales, la trata o el abuso y la explotación sexual por medio de Internet (...) los Estados deben facilitar a los niños información apropiada para su edad sobre la seguridad en Internet, de manera que puedan afrontar los riesgos y saber a quién acudir en busca de ayuda» (párrafo 60). Véase también la Observación General N° 20 (párrafo 48).

[190] TS, Sala Primera de lo Civil, sent. N° 26, del 05-02-13.

criterio del facultativo, en cuyo caso el consentimiento lo prestará su representante legal, una vez oída y atendida su opinión[191].

Concretamente, la Ley 41/2002, de 14 de noviembre, Básica Reguladora de la Autonomía del Paciente y de Derechos y Obligaciones en Materia de Información y Documentación Clínica[192] norma los límites del consentimiento informado y por representación, en los siguientes términos:

… 3. Se otorgará el consentimiento por representación en los siguientes supuestos: a. Cuando el paciente no sea capaz de tomar decisiones, a criterio del médico responsable de la asistencia, o su estado físico o psíquico no le permita hacerse cargo de su situación (…) b. Cuando el paciente tenga la capacidad modificada judicialmente y así conste en la sentencia. c. Cuando el paciente menor de edad no sea capaz intelectual ni emocionalmente de comprender el alcance de la intervención. En este caso, el consentimiento lo dará el representante legal del menor, después de haber escuchado su opinión (…) 4. Cuando se trate de menores emancipados o mayores de 16 años que no se encuentren

---

[191] VILLAGRASA ALCAIDE: art. cit. («El derecho de la persona…»), p. 31. La Observación General N° 15 indica que se «reconoce que las capacidades cambiantes del niño repercuten en su independencia al adoptar decisiones sobre las cuestiones que afectan a su salud. Observa también que, a menudo, surgen discrepancias profundas en cuanto a esa autonomía en la adopción de decisiones, siendo habitual que los niños especialmente vulnerables a la discriminación tengan menor capacidad de ejercerla. En consecuencia, es fundamental disponer de políticas de respaldo y proporcionar a los niños, los padres y los trabajadores sanitarios orientación adecuada basada en derechos con respecto al consentimiento, el asentimiento y la confidencialidad» (párrafo 21); por su parte, la Observación General N° 14 establece: «El derecho del niño a la salud (artículo 24) y su estado de salud son fundamentales para evaluar el interés superior del niño. Sin embargo, si hay más de una posibilidad para tratar una enfermedad o si el resultado de un tratamiento es incierto, se deben sopesar las ventajas de todos los tratamientos posibles frente a todos los posibles riesgos y efectos secundarios, y también debe tenerse en cuenta debidamente la opinión del niño en función de su edad y madurez. En este sentido, se debe proporcionar al niño información adecuada y apropiada para que entienda la situación y todos los aspectos pertinentes en relación con sus intereses, y permitirle, cuando sea posible, dar su consentimiento fundamentado» (párrafo 77).

[192] Vid. BOE N° 274, del 15-11-02, última modificación del 22-09-15.

en los supuestos b. y c. del apartado anterior, no cabe prestar el consentimiento por representación. No obstante lo dispuesto en el párrafo anterior, cuando se trate de una actuación de grave riesgo para la vida o salud del menor, según el criterio del facultativo, el consentimiento lo prestará el representante legal del menor, una vez oída y tenida en cuenta la opinión del mismo. 5. La práctica de ensayos clínicos y la práctica de técnicas de reproducción humana asistida se rigen por lo establecido con carácter general sobre la mayoría de edad y por las disposiciones especiales de aplicación[193]. Para la interrupción voluntaria del embarazo de menores de edad (...) será preciso, además de su manifestación de voluntad, el consentimiento expreso de sus representantes legales... (artículo 9).

De la disposición parcialmente reproducida se deduce que la regla es que los adolescentes con 16 años o emancipados puedan consentir personalmente y también los menores de 16 cuando posean capacidad natural, es decir, cuando concretamente, según el tipo de intervención, sean capaces «intelectual» y «emocionalmente» de comprender su «alcance»[194]. Ello estará condicionado a que para la situación concreta, el menor de edad, posea un estado físico o psíquico que le permita expresar su consentimiento[195] a criterio del médico responsable y que el procedimiento para el cual se requiera el mismo no sea de

---

[193] Posición conservadora fija la Ley 14/2007, de 3 de julio, de Investigación Biomédica, BOE N° 159, del 04-07-07, última modificación del 02-06-11, se refiere al consentimiento informado y derecho a la información en esta área, estableciendo que en el caso de los menores de edad «siempre y cuando no existan otras alternativas para la investigación» «Se otorgará el consentimiento por representación», aunque añade: «los menores participarán en la medida de lo posible y según su edad y capacidades en la toma de decisiones a lo largo del proceso de investigación» (artículo 4).

[194] Cfr. Código Civil de Cataluña: «1. Las personas mayores de 16 años y las menores que tengan una madurez intelectual y emocional suficiente para comprender el alcance de la intervención en su salud deben dar el consentimiento por sí mismas, salvo en los casos en que la legislación de ámbito sanitario establece otra cosa...» (artículo 212-2).

[195] Recuérdese que la Ley 41/2002 define al consentimiento informado como «la conformidad libre, voluntaria y consciente de un paciente, manifestada en el pleno uso de sus facultades después de recibir la información adecuada, para que tenga lugar una actuación que afecta a su salud» (artículo 3).

una gravedad tal que involucre seriamente «la vida o salud del menor», pues en dichos casos se recurrirá al representante que deberá oír al paciente si es posible y tomar la decisión ponderando su interés superior[196].

Conviene añadir que el área médica a la que se alude es sumamente significativa para la protección integral de la infancia, ya que pertenece a aquellos derechos fundamentales donde su incidencia trastoca otras facultades cardinales, como el derecho a vivir, integridad personal, libre desarrollo de la personalidad, libertad de conciencia, privacidad e intimidad, e información, entre otros –de allí que se aluda a derechos interdependientes entre si–; por ello, se debe promocionar en su máximo alcance la posibilidad de que el propio titular pueda ejercer el derecho, pues las consecuencias las disfrutará y sufrirá él en su ser ontológico. En tal sentido, es la capacidad natural el modelo que se encuentra en mayor adecuación a los objetivos que se persiguen con las normas que protegen dichos derechos de la personalidad. En palabras más concretas, pronunciadas por el Comité de los Derechos del Niños:

> Las intervenciones y los tratamientos médicos deben contar con el consentimiento voluntario e informado del adolescente, con independencia de que se exija o no también el de un progenitor o representante legal. También debe considerarse la posibilidad de que se presuma la capacidad jurídica del adolescente para solicitar servicios y productos urgentes o preventivos de salud sexual y reproductiva, y para tener acceso a ellos. El Comité subraya que, si lo desean, todos los adolescentes tienen derecho con independencia de su edad a acceder de forma confidencial a orientación y asesoramiento médicos sin el consentimiento de

---

[196] BLASCO IGUAL, María Clara: «El consentimiento informado del menor de edad en materia sanitaria». En: *Revista de Bioética y Derecho*. N° 35. UB. Barcelona, 2015, p. 36, sostiene «si el niño tiene suficiente capacidad natural para decidir, se le debe permitir que actúe de forma autónoma porque ello contribuye al libre desarrollo de su personalidad. Mientras que, cuando el menor no posea capacidad natural suficiente para prestar el consentimiento por sí mismo, actuarán los representantes legales a favor del interés del menor», en conclusión «la emisión del consentimiento le corresponde a los representantes legales cuando el niño tenga una edad inferior a los 16 y asimismo, no posea capacidad natural para ejercer el derecho de forma autónoma».

un progenitor o tutor legal. Este derecho es distinto del derecho a otorgar consentimiento médico y no se debe someter a ninguna limitación de edad[197].

En definitiva, debe subrayarse cuál es la intención de las anteriores disposiciones, la cual, en términos de RAMOS CHAPARRO, consiste en:

> El reconocimiento expreso de la capacidad natural en este campo (…) está ordenado, en última instancia, a no imposibilitar *a priori* el ejercicio de derechos fundamentales a sujetos que estén, realmente, en condiciones adecuadas para el mismo, excluyendo, a la vez, a los representantes legales de esta esfera jurídica del menor[198].

Ciertamente, en esta área es donde será más común ver a los adolescentes –e incluso niños– ejercer sus derechos directamente, por medio de peticiones, quejas, solicitudes o simples actuaciones, los cuales deben ser –según los casos concretos– interpretados dichos gestos como muestras claras de madurez y, en consecuencia, de capacidad natural[199]. Así pues, se reitera, que la

---

[197] *Vid*. Observación General N° 20 (párrafo 39), además añade: «Todos los adolescentes deben poder acceder a servicios, información y educación en materia de salud sexual y reproductiva, en línea o presenciales, gratuitos, confidenciales, adaptados a sus necesidades y no discriminatorios, que deben cubrir, entre otros asuntos, la planificación familiar, los métodos anticonceptivos, incluidos los anticonceptivos de emergencia, la prevención, la atención y el tratamiento de las enfermedades de transmisión sexual, el asesoramiento, la atención antes de la concepción, los servicios de salud materna y la higiene menstrual» y «El acceso a los productos básicos, a la información y al asesoramiento sobre la salud y los derechos sexuales y reproductivos no debería verse obstaculizado por, entre otros factores, el requisito de consentimiento o la autorización de terceros» (párrafos 59 y 60).

[198] RAMOS CHAPARRO: ob. cit. (*La persona y su capacidad…*), pp. 256 y 257.

[199] Otros supuestos relacionados al ejercicio de derechos fundamentales, donde se licencia el ejercicio personal por los menores de edad, aunque fijando además un rango etario especial, se observa por ejemplo: para consentir su acogimiento y adopción, «tuviera suficiente madurez y, en todo caso, si fuera mayor de 12 años» (artículos 173.2 y 177.1 del Código Civil). Comenta RAMOS CHAPARRO: ob. cit. (*La persona y su capacidad…*), p. 228, «La capacidad –de obrar– del adoptado se manifiesta en la necesaria prestación

regla básica debe ser considerar en tales casos que los menores de edad detentan capacidad de obrar y, por el contrario, la falta de madurez será la excepción que deberá acreditarse suficientemente.

3.2.3. Derechos procesales

En el ámbito de la capacidad procesal, que incluye lo extrajudicial, judicial y administrativo, se parte de la regla de que en aquellas materias sustantivas en las cuales se posee capacidad de ejercicio también se debe poder ejercer las acciones y defensas procesales correspondientes, pues, de lo contrario, se haría ilusoria la referida capacidad material.

En el campo judicial, la capacidad procesal del menor de edad ha presentado un tránsito similar al que experimentó el Derecho sustantivo[200]. Actualmente,

---

del consentimiento cuando es mayor de 12 años, demostrándose, una vez más, la relevancia directa de la capacidad natural en el Derecho de Familia». También, puede el adolescente optar por la nacionalidad española o solicitarla con la asistencia de su representante, cumplidos los 14 años (artículos 20.2.b, y 21.3.b, del Código Civil); además la vigente Ley 20/2011, de 21 de julio, del Registro Civil le permite igualmente solicitar el cambio de nombre y apellidos (artículo 57). Para GORDILLO CAÑAS: ob. cit. (*Capacidad, incapacidades...*), pp. 242 y 243, lo expuesto «resulta coherente con el criterio de que en relación con los actos personalísimos –donde la representación no es posible (...)– es admisible un grado de capacidad especial relativamente adaptado a las condiciones de madurez o de aptitud de juicio deliberado del menor». Aclara RAMOS CHAPARRO, Enrique: «Incapacidad de obrar y acciones personalísimas de estado (a propósito de la STC Nº 311/2000, de 18 de diciembre)». En: *Anuario de Derecho Civil*. Nº 2. Madrid, 2002, pp. 816 y 818, «el significado de 'personalísimo' que ostentan algunas acciones de estado solo excluye la transmisibilidad y la representación voluntaria propiamente dicha, pero no, de suyo, la representación legal» y añade: «Por tanto, como hay que entender que la acción personalísima de estado, dado el rango fundamental que ostenta, no puede quedar anulada o radicalmente enervada por la incapacidad de obrar del único sujeto legitimado, hay que concluir también que, en tal supuesto, debe entrar en juego la representación legal (...) Dado que en la representación legal solo se actúa en interés del incapaz, no se conculca el carácter personalísimo, ni tan siquiera formalmente, porque la demanda será interpuesta en nombre de aquél, que es lo único que, en rigor, exige el *intuitus personae*».

[200] En efecto, GUZMÁN FLUJA y CASTELLEJO MANZANARES: ob. cit. (*Los derechos procesales...*), p. 14, refieren que en esta materia ha existido «una concepción excesivamente

se parte de la premisa de que los niños y adolescentes deben tener mayor participación en los procesos que los afectan directamente o en aquellos donde la resolución lo involucra de manera indirecta, pues dicha intervención es esencial para que el mismo asuma un rol responsable de cara a su ciudadanía activa que se promociona[201]. Otro tema será el definir cuáles serán los mecanismos mediante los cuales se intervendrá en el proceso, los que en todo caso dependerán del grado de capacidad natural que detente el niño o adolescente en concreto.

Por ello, apuntan GUZMÁN FLUJA y CASTELLEJO MANZANARES: «En estos casos en los que el menor realiza en el tráfico económico, jurídico y social, cierto es que limitadamente, actos por sí mismo, apareciendo frente a los terceros como operador de referencia, parece absurdo no reconocerle la capacidad procesal para, con la debida asistencia técnica y jurídica, con la garantía de que económicamente no se le impide el acceso al proceso, etc., comparecer personalmente en juicio y defender sus derechos e intereses»[202]. Por lo antepuesto, la Observación General N° 14, dispone:

> En la vía civil, el niño puede defender sus intereses directamente o por medio de un representante, como en el caso de la paternidad, los malos tratos o el abandono de niños, la reunión de la familia y la acogida. El niño puede verse afectado por el juicio, por ejemplo, en los procedimientos de adopción o divorcio, las decisiones relativas a la custodia,

---

tradicional, en el sentido de menospreciar la importancia de las opiniones del menor, obviando en demasía su presencia ente el juez y no dándole suficiente intervención en los procedimientos que le afectan. Por otra parte, ello no es sino fruto de la pervivencia básica de una legislación procesal decimonónica, que ha sido actualizada a golpe de reformas parciales e inconexas, y que no responden eficazmente al reto de ser medio para la solución de los nuevos conflictos derivados del espectacular cambio en el marco de las relaciones económicas, sociales, y jurídicas».

[201] Por ello se ha dicho en la Observación General N° 13, que «En todos los procesos de toma de decisiones debe respetarse sistemáticamente el derecho del niño a ser escuchado y a que sus opiniones se tengan debidamente en cuenta, y su habilitación y participación deben ser elementos básicos de las estrategias y programas de atención y protección del niño» (párrafo 3).

[202] GUZMÁN FLUJA y CASTELLEJO MANZANARES: ob. cit. (*Los derechos procesales*...), p. 69.

la residencia, las visitas u otras cuestiones con repercusiones importantes en la vida y el desarrollo del niño, así como en los procesos por malos tratos o abandono de niños. Los tribunales deben velar por que el interés superior del niño se tenga en cuenta en todas las situaciones y decisiones, de procedimiento o sustantivas, y han de demostrar que así lo han hecho efectivamente (párrafo 29)[203].

También, la Observación General N° 16 sigue este orden de ideas, a saber:

Los Estados deben centrar su atención en eliminar las barreras sociales, económicas y jurídicas a fin de que los niños tengan en la práctica acceso a mecanismos judiciales eficaces, sin discriminación de ningún tipo (…) Deben poder iniciar actuaciones por derecho propio y tener acceso a asistencia jurídica y al apoyo de abogados y proveedores de esa asistencia para entablar acciones contra las empresas en igualdad de condiciones (…) La edad no debería ser un obstáculo para que un niño ejerza el derecho a participar plenamente en el proceso judicial

---

[203] En materia de «mecanismos para examinar o revisar las decisiones», la referida Observación señala: «Debería existir siempre la posibilidad de solicitar una revisión o recurrir una decisión en el plano nacional. Los mecanismos deben darse a conocer al niño, que ha de tener acceso directo a ellos o por medio de su representante jurídico…» (párrafo 98). Por su parte, la Observación General N° 16 destaca «Los mecanismos extrajudiciales, como la mediación, la conciliación y el arbitraje, pueden ser opciones útiles para dirimir las controversias relativas a los niños y las empresas. Deben estar disponibles sin perjuicio del derecho al recurso judicial (…) En todos los casos, debe facilitarse el acceso a los tribunales o la revisión judicial de los recursos administrativos y otros procedimientos» (párrafo 71), además añade: «Los Estados deben hacer todo lo posible para facilitar el acceso a los mecanismos internacionales y regionales de derechos humanos, incluido el Protocolo facultativo de la Convención sobre los Derechos del Niño relativo a un procedimiento de comunicaciones, de manera que un niño o un grupo de niños, o un tercero que actúe en su nombre, puedan obtener reparación cuando el Estado no haya respetado, protegido y hecho efectivos de manera adecuada los derechos del niño» (párrafo 72). La Observación General N° 20 establece: «es necesario introducir mecanismos de denuncia y reparación seguros y accesibles con competencia para examinar las denuncias formuladas por los adolescentes y brindarles acceso a servicios jurídicos gratuitos o subvencionados y otros tipos de asistencia apropiada» (párrafo 23).

(...) Deben respetarse la confidencialidad y la privacidad, y los niños deben estar informados acerca de los progresos en todas las etapas del proceso, otorgando la debida importancia a la madurez del niño... (párrafos 68 y 69)[204].

Como se observa, existen diversos supuestos donde se considera que la defensa material o directa la puede desplegar el propio niño o adolescente titular del derecho; ello ocurrirá, fundamentalmente. cuando se visualice que el menor de edad involucrado disfruta de capacidad natural; en su defecto, deberán intervenir en su protección los representantes legales u otro legitimado por la ley –como el Ministerio Fiscal o el defensor judicial, por ejemplo, si existen conflictos de intereses–. Pero lo importante es que se priorice su intervención directa, por cuanto ello incide en los demás derechos y, en especial, en su interés superior.

La norma general que regula la capacidad procesal se ubica en la Ley de Enjuiciamiento Civil[205] y establece:

> Artículo 7.- Comparecencia en juicio y representación. 1. Solo podrán comparecer en juicio los que estén en el pleno ejercicio de sus derechos civiles. 2. Las personas físicas que no se hallen en el caso del apartado anterior habrán de comparecer mediante la representación o con la asistencia, la autorización, la habilitación o el defensor exigidos por la ley...

---

[204] Ello sin olvidar, como reconoce la Observación General N° 16, que «Con frecuencia los niños carecen de legitimación procesal, conocimiento de los mecanismos para obtener reparación, recursos financieros y representación jurídica adecuada» (párrafo 4.c), por lo que se demandan mayores esfuerzos en esta materia. Por lo anterior la Recomendación General N° 31 u Observación General N° 18 sobre las prácticas nocivas, recomienda la modificación de la legislación con la finalidad de «Que las instituciones nacionales de derechos humanos tengan el mandato de examinar denuncias y peticiones individuales, incluidas las presentadas directamente por mujeres y niños o por otros en su nombre» (párrafo 55.i).

[205] Ley 1/2000, de 7 de enero, de Enjuiciamiento Civil, *BOE* N° 7, del 08-01-00, última modificación del 28-10-15.

Las complicaciones interpretativas de la anterior disposición parten de recurrir únicamente al método «literal», pues, de acuerdo con la fidelidad del texto, pudiera pensar el desprevenido que los menores de edad no poseen capacidad procesal en razón de que no están en «el pleno ejercicio de sus derechos civiles». Sin embargo, una hermenéutica que se sostenga en los métodos sistemático, finalista e histórico, obligarían a arribar a otra conclusión.

En efecto, cuando se encontraba en pleno vigor el modelo tradicional decimonónico, que consideraba incapaces a los menores de edad por ese simple hecho, la norma procesal era completamente coherente, pues, en definitiva, como se ha dicho reiteradamente, la capacidad procesal no es otra cosa que un reflejo de la capacidad material –aunque con algunas particularidades procesales que motivan la distinción–[206]. Hoy en día, cuando se sostiene que los niños y adolescentes poseen capacidad de obrar «limitada», según detente la capacidad natural necesaria para el ejercicio directo del derecho en cuestión, debe necesariamente modificarse el sentido de la regla procesal, de lo contrario se generaría una incoherencia insalvable y se distorsionaría el postulado

---

[206] Así por ejemplo, GÓMEZ ORBANEJA: ob. cit. (*Derecho Procesal...*), p. 129, sostiene «Los conceptos de capacidad para ser parte y de capacidad para comparecer en juicio son estrictamente procesales. Corresponden, como hemos visto, a la personalidad y a la capacidad de obrar del Derecho Civil, pero no deben confundirse con ellas». *Cfr.* BARRIOS DE ÁNGELIS, Dante: *Teoría del proceso*. Ediciones Depalma. Buenos Aires, 1979, p. 130, «Equivalente a la capacidad de ejercicio del Derecho Civil –no es idéntica– y se la califica, generalmente, como capacidad procesal». RAMOS MÉNDEZ, Francisco: *Derecho Procesal Civil*. Librería Bosch. Barcelona, 1980, p. 215, «Es cierta la regla de que todos los sujetos a quienes el Derecho privado otorga capacidad jurídica gozan asimismo de capacidad para ser parte en un proceso (...) Los conceptos de capacidad para ser parte y capacidad procesal son más extensos y entre ambos disciplinan un importante aspecto del *status* procesal de parte». PACHECO GORDILLO: ob. cit. (*Capacidad y legitimación...*), p. 16, «La capacidad, en el Derecho Procesal, tiene, como es natural, las mismas gradaciones que en el Derecho material. Y ello explica que nuestro Derecho Procesal positivo, y el de casi todas las naciones remitan al Derecho material la regulacion de la capacidad; remision que, como explica CARNELUTTI, no significa que la capacidad para actuar jurídicamente en la relaciones extraprocesales, y la necesaria para actuar procesalmente, sean la misma cosa, ni que la capacidad material se confunda con la procesal, 'sino que una y otra normalmente están reguladas del mismo modo'».

básico[207], según el cual la capacidad adjetiva se vincula con la capacidad sustantiva o material[208].

Entonces, el criterio histórico permite apreciar cuál fue la génesis de la disposición, e igualmente, al cambiar su enfoque, demanda abogar por una modificación ahora que la situación de la infancia ha cambiado a raíz, fundamentalmente, de la Convención sobre los Derechos del Niño. Del mismo modo, en el análisis sistemático, el reconocimiento de la capacidad procesal en los niños y adolescentes –ponderada según su capacidad evolutiva– es congruente con todas las normas sustantivas que se han aludido en los epígrafes anteriores y, además, lo es con otras normas procesales; así, por ejemplo, se puede mencionar la Ley 29/1998, de 13 de julio, reguladora de la Jurisdicción Contencioso-administrativa[209], que establece, a saber:

> Artículo 18.- Tienen capacidad procesal ante el orden jurisdiccional contencioso-administrativo, además de las personas que la ostenten con arreglo a la Ley de Enjuiciamiento Civil, los menores de edad para la defensa de aquellos de sus derechos e intereses legítimos cuya actuación les esté permitida por el ordenamiento jurídico sin necesidad de asistencia de la persona que ejerza la patria potestad, tutela o curatela…[210].

---

[207] SAMANES ARA, Carmen: *Las partes en el proceso civil*. La Ley. Madrid, 2000, p. 32, al comentar la norma objeto de examen, señala: «El legislador ha perdido aquí una oportunidad de introducir algún matiz en esta norma general, de modo que sirviese para resolver problemas que se plantean en la práctica. En efecto, atendiendo al tenor literal del precepto, hay que incluir en él al concursado y al quebrado, puesto que ni uno ni otro están en el pleno ejercicio de sus derechos civiles. Sin embargo, eso no supone que haya de negárseles la capacidad procesal en cualquier caso». Igual razonamiento abría de operar para los menores de edad que tengan capacidad sustantiva por ser capaces naturales, pero al no poseer capacidad «plena», sino «limitada» se les pretenda negar la capacidad procesal en los asuntos donde la posen materialmente.

[208] Para AGUADO: ob. cit. (*Introducción a la nueva…*), pp. 60 y 61, «El artículo 7.1 de la nueva Ley de Enjuiciamiento Civil reproduce el concepto civilista de 'capacidad de obrar'», por lo que en consecuencia «La correlación entre capacidad procesal y capacidad de obrar civilista es absoluta, hasta el punto de que hay que remitirse a la ley sustantiva civil para saber si se cumple con estas exigencias procesales».

[209] Vid. BOE N° 167, del 14-07-98, última modificación del 22-04-16.

[210] La Exposición de motivos indica que con la referida disposición: «Lo que se pretende es que nadie, persona física o jurídica, privada o pública, que tenga capacidad jurídica

Es evidente que la anterior disposición es más ambiciosa que su par de la Ley de Enjuiciamiento Civil y en la práctica no hace otra cosa que partir de que la capacidad de obrar en los niños y adolescente es limitada y, por ello, en aquellos escenarios del ámbito contencioso donde el derecho material les reconoce capacidad en igual medida pueden actuar con capacidad procesal.

Otros textos legales parten de la regla general de la Ley de Enjuiciamiento Civil, aunque especifican algunos casos vinculados con su materia especial, *verbi gratia*: Ley 36/2011, de 10 de octubre, reguladora de la Jurisdicción Social[211], la Ley

---

suficiente y sea titular de un interés legítimo que tutelar, concepto comprensivo de los derechos subjetivos pero más amplio, pueda verse privado del acceso a la justicia». En la vía administrativa también se atribuye capacidad al menor de edad sin la asistencia de sus representantes legales, siempre y cuando posea capacidad natural, véase el artículo 30 de la Ley 30/1992, de 26 de noviembre, de Régimen Jurídico de las Administraciones Públicas y del Procedimiento Administrativo Común, *vid.* GARCÍA DE ENTERRÍA, Eduardo y FERNÁNDEZ, Tomás-Ramón: *Curso de Derecho Administrativo*. Tomo II. 6ª, Civitas. Madrid, 1999, pp. 22 y 603. Lo apuntado esta en perfecta concordancia con lo dispuesto en la en materia de «oposición a las resoluciones administrativas en materia de protección de menores», así según el artículo 780 de la Ley de Enjuiciamiento Civil: «Estarán legitimados para formular oposición a las resoluciones administrativas en materia de protección de menores, siempre que tengan interés legítimo y directo en tal resolución, los menores afectados por la resolución (…) Aunque no fueran actores podrán personarse en cualquier momento en el procedimiento, sin que se retrotraigan las actuaciones. Los menores tendrán derecho a ser parte y a ser oídos en el proceso conforme a lo establecido en la Ley Orgánica de Protección Jurídica del Menor. Ejercitarán sus pretensiones en relación con las resoluciones administrativas que les afecten a través de sus representantes legales siempre que no tengan intereses contrapuestos a los suyos, o a través de la persona que se designe como su defensor para que les represente».

[211] *Vid. BOE* N° 245, del 11-10-11, última modificación del 02-10-15, establece: «Artículo 16.- Capacidad procesal y representación. 1. Podrán comparecer en juicio en defensa de sus derechos e intereses legítimos quienes se encuentren en el pleno ejercicio de sus derechos civiles. 2. Tendrán capacidad procesal los trabajadores mayores de 16 años y menores de 18 respecto de los derechos e intereses legítimos derivados de sus contratos de trabajo y de la relación de Seguridad Social, cuando legalmente no precisen para la celebración de dichos contratos autorización de sus padres, tutores o de la persona o institución que los tenga a su cargo, o hubieran obtenido autorización para contratar de sus padres, tutores o persona o institución que los tenga a su cargo conforme

Orgánica 2/1989, de 13 de abril, Procesal Militar[212], en lo referente a contencioso-disciplinario militar: «Artículo 458. Tendrán capacidad procesal las personas que estén en el pleno ejercicio de sus derechos civiles y los menores de edad si han sido los sancionados en vía disciplinaria militar». También, es relevante su intervención la jurisdicción voluntaria[213] o en la mediación[214].

---

a la legislación laboral o la legislación civil o mercantil respectivamente. Igualmente tendrán capacidad procesal los trabajadores autónomos económicamente dependientes mayores de 16 años. 3. En los supuestos previstos en el apartado anterior, los trabajadores mayores de 16 años y menores de 18 tendrán igualmente capacidad procesal respecto de los derechos de naturaleza sindical y de representación, así como para la impugnación de los actos administrativos que les afecten...». Obsérvese que lo que efectúa el legislador es una adecuación a las reglas del derecho material al campo procesal, y teniendo capacidad laboral el adolescente de 16 años en igual sentido posee capacidad procesal.

[212] *Vid.* BOE N° 92, del 18-04-89, última modificación del 15-10-15.

[213] *Vid.* Ley 15/2015, de 2 de julio, de la Jurisdicción Voluntaria, *BOE* N° 158, del 03-07-15, aunque no trae normas específicas sobre capacidad procesal, al regular la legitimación establece: «1. Podrán promover expedientes de jurisdicción voluntaria e intervenir en ellos quienes sean titulares de derechos o intereses legítimos o cuya legitimación les venga conferida legalmente sobre la materia que constituya su objeto, sin perjuicio de los casos en que el expediente pueda iniciarse de oficio o a instancia del Ministerio Fiscal...» (artículo 3).

[214] Comenta VILLAGRASA ALCAIDE: art. cit. («El derecho de la persona...»), p. 43, «Si estamos reconociendo el protagonismo de las personas menores de edad en la conformación de sus relaciones sociales, familiares y escolares, debería potenciarse su incorporación efectiva y participativa en estos ámbitos, por ejemplo, formando parte en los procedimientos de mediación familiar o facilitando las vías para la defensa profesional de sus derechos ante la existencia de cualquier conflicto de intereses con el resto de personas de su entorno personal o familiar». *Vid.* en el Derecho autonómico de Cataluña la Ley 15/2009, de 22 de julio, de Mediación en el ámbito del Derecho Privado, «artículo 4.- Personas legitimadas para intervenir en un procedimiento de mediación. 1. Pueden intervenir en un procedimiento de mediación e instarlo las personas que tienen capacidad y un interés legítimo para disponer del objeto de la mediación. 2. Los menores de edad, si tienen suficiente conocimiento, y, en todos los casos, los mayores de 12 años pueden intervenir en los procedimientos de mediación que los afecten. Excepcionalmente, pueden instar la mediación en los supuestos del artículo 2.1.d, e y f. En los casos en que exista contradicción de intereses, los menores de edad pueden participar asistidos por un defensor o defensora».

En definitiva, es claro que la finalidad de las reglas examinadas es determinar en qué supuesto la «parte» puede actuar directamente por poseer capacidad procesal, en el caso de los menores de edad cuando tienen el «pleno» ejercicio del derecho material objeto de la controversia, lo que se traduce al caso en que el niño o adolescente posea capacidad natural para el ejercicio del derecho sustantivo en concreto, ello implicaría la posibilidad de designar apoderados judiciales, intervenir directamente en el juicio en ejercicio de su defensa material o autodefensa y en el ejercicio del derecho a ser oído y opinar, todo interpretado de conformidad con el derecho a la defensa y a la tutela judicial efectiva[215].

Cuando carezca de capacidad material, aun así, debe garantizarse su intervención aunque de manera más restringida, ya que deberá ser representado, mas sí deberá ser oído e informado sobre el asunto que le afecta[216].

---

[215] RAMOS MÉNDEZ: ob. cit. (*Derecho Procesal...*), p. 214, «Por lo dicho en torno a la libertad de acción y en torno al libre acceso de los ciudadanos a los tribunales de justicia, se puede ya deducir que los criterios que deben regir en orden a la capacidad han de ser amplios y no innecesariamente restrictivos. Buena prueba de ello la encontraremos en el desarrollo que la jurisprudencia ha dado al tema de la capacidad procesal». Para GUZMÁN FLUJA y CASTELLEJO MANZANARES: ob. cit. (*Los derechos procesales...*), pp. 77 y 78, «puede concluirse diciendo que cuando el menor puede demandar o ser demandado, su estatuto es el de parte, no se le puede negar la intervención plena y se debe procurar que esté garantizado el derecho de audiencia, pero también el derecho de información sobre el significado del pleito, las consecuencias de sus declaraciones, etc.».

[216] Así, por ejemplo, la Ley 14/2010, de 27 de mayo, de los Derechos y las Oportunidades en la Infancia y la Adolescencia de Cataluña, también pone énfasis en este derecho al establecer: «Los niños y los adolescentes, de acuerdo con sus capacidades evolutivas y con las competencias alcanzadas, y en cualquier caso a partir de los 12 años, deben ser escuchados tanto en el ámbito familiar, escolar y social como en los procedimientos administrativos o judiciales en los que se encuentren directamente implicados y que conduzcan a una decisión que afecte a su entorno personal, familiar, social o patrimonial» (artículo 7.1). Vale destacar que la Observación General N° 13 considera que «los profesionales pueden vulnerar el derecho del niño a no ser objeto de violencia en el marco de determinadas actuaciones, por ejemplo cuando ejercen sus responsabilidades sin tener en cuenta el interés superior, las opiniones o los objetivos de desarrollo del niño» (párrafo 32).

Como se ha comentado, el derecho a ser oído y a que sus opiniones sean ponderadas en los asuntos que le conciernan, es una facultad que esta imbricada con la capacidad de obrar del niño o adolescente, y debe operar en todas sus manifestaciones[217], de allí que donde se considere al menor de edad con capacidad natural deberá hacerse los esfuerzos para oírlo directamente, ya que, a su vez, ello permitirá determinar su interés superior en el caso concreto.

En dicho orden, son abundantes las normas jurídicas en las cuales se efectúan expresamente la salvaguarda de oír al niño o adolescente[218]; a título ilustrativo se indican los siguientes asuntos: desacuerdos entre los progenitores en el ejercicio de la patria potestad; en el trámite administrativo de suspensión temporal de visitas y comunicaciones a los menores en situación de desamparo; para acordar medidas de estancias, salidas o vacaciones en relación con el menor en acogida familiar o residencial (artículos 156, 161, 172-ter.3, 178, del Código Civil); para los procesos matrimoniales y de menores (artículos 770.4, 777.5 de la Ley de Enjuiciamiento Civil; 25 de la Ley 15/2015, de 2 de julio, de la Jurisdicción Voluntaria), entre otros.

Finalmente, se debe subrayar que, si bien los derechos al ejercicio directo –expresado en la capacidad natural procesal–, a opinar y ser oído, y al interés superior, son facultades autónomas, se relacionan íntimamente y deben interpretarse al unísono en toda instancia, pues, en su conjunto, permiten proteger efectivamente los derechos de los niños y adolescentes. Ello no es óbice para que en algunos casos el sujeto carezca de madurez suficiente y aun así se deba escuchar y decidir de conformidad a su interés superior, o que tenga capacidad natural y manifieste su opinión y que ello resulte contrario a su

---

[217] *Vid*. Observación General Nº 16, «El niño tiene el derecho específico 'de ser escuchado, en todo procedimiento judicial o administrativo que afecte al niño' (artículo 12, párrafo 2, de la Convención). Ello incluye los procedimientos judiciales y los mecanismos de conciliación y arbitraje» (párrafo 22).

[218] Comenzando por el plano familiar, donde los progenitores en ejercicio de la patria potestad: «Si los hijos tuvieren suficiente madurez deberán ser oídos siempre antes de adoptar decisiones que les afecten» (artículo 154 del Código Civil, en concordancia con el artículo 9 de la Ley Orgánica 1/1996).

interés y, por tanto, se deba actuar contrariando sus deseos para así garantizarse derechos preferentes, como ocurre en algunos casos sanitarios donde esté en peligro la vida. Lo importante en el ámbito procesal –y en cualquier otro– es que esta triada debe ponderarse de forma específica y se actuará en consecuencia, tratando de que los tres institutos se mantengan incólumes y, en caso de aporías, privilegiando siempre el interés superior.

3.2.4. *Otras situaciones jurídicas en donde se pondera la capacidad natural*

Algunos autores han comentado que en materia de Derechos Reales opera la capacidad natural, tal sería el caso de la posesión, ocupación o usucapión, donde sería suficiente con tener discernimiento. Otro sector considera que, en realidad, en tales supuestos no se requiere ninguna cualidad intelectiva compleja, sino simplemente la realización de una actividad que configure el ejercicio del derecho, atando la ley los efectos que genera tal accionar[219].

Para RAMOS CHAPARRO, «con la llamada 'capacidad para adquirir la posesión', expresamente regulada en el artículo 443 del Código Civil. Este precepto claramente distingue y contrapone los conceptos de 'adquirir la posesión' y 'usar los derechos de ella derivados'» y añade: «No hay un rebajamiento de la capacidad a los límites elementales del 'entender y querer', sino una determinación de la subjetividad –esto es, la imputación jurídica de un efecto–, establecida directamente por el ordenamiento sobre la base última de la capacidad jurídica y el interés patrimonial del sujeto»[220].

---

[219] GORDILLO CAÑAS: ob. cit. (*Capacidad, incapacidades...*), p. 207, parte de un principio general según el cual: «donde no está en peligro la situación de quien actúa, tampoco se hace necesaria la verificación de su capacidad de obrar; la actuación podrá desplegar su eficacia propia sin supeditación al dato de capacidad», por tanto «cuando en los llamados actos reales se habla de capacidad natural, debe entenderse hecha referencia a la simple posibilidad de actuación intencional elemental y mínima requerida para que el concreto comportamiento humano integre o realice la genérica *fattispecie* del acto real; no, en cambio, a una peculiar exigencia de capacidad» y añade: «Bastaría con el impulso intencional necesario para poner en movimiento el mecanismo materialmente adquisitivo».

[220] RAMOS CHAPARRO: ob. cit. (*La persona y su capacidad...*), pp. 239 y 240.

Por su parte, la capacidad delictual –relacionada con la imputabilidad y la responsabilidad–, comienza a los 14 años, en virtud de la Ley Orgánica 5/2000, de 12 enero, reguladora de la Responsabilidad Penal de los Menores[221] (artículo 1.1, en concordancia con el artículo 19 del Código Penal).

La responsabilidad penal del menor de edad ha estado siempre rodeada de contradicciones, ello debido a que, en un primer estadio de la codificación penal, se le consideró un sector responsable penalmente «imputable» aunque en un grado atenuado[222] y, sin embargo, eran al mismo tiempo, pensados como incapaces plenos en otros sectores[223].

---

[221] *Vid*. BOE N° 11, del 13-01-00, última modificación del 28-12-12.
[222] *Vid*. Luzón Domingo, Diego: «Tratamiento penal de la delincuencia juvenil». En: *Anuario de Derecho Penal y Ciencias Penales*. N° 3. Madrid, 1966, pp. 388 y 389, afirmaba que el Código Penal vigente para esa época partía de establecer «edades fijas, con independencia de la apreciación o no del discernimiento», específicamente «establece tres edades diferentes a efectos de la imputabilidad y responsabilidad penal: a. Los menores de 16 años están exentos de responsabilidad penal (…) b. los mayores de 16 y menores de 18 años tienen en nuestra legislación capacidad penal, si bien disminuida. Son responsables, pero se encuentran comprendidos entre las circunstancias que atenúan la responsabilidad (…) c. los mayores de 18 años son plenamente responsables desde el punto de vista penal (…) No coincide, pues en nuestro ordenamiento jurídico la plena capacidad civil o mercantil, que no se adquiere hasta los 21 años, con la mayoría de edad penal». Para, Terradillos Basoco, Juan M.: «Responsabilidad penal de los menores». En: *Menores. Responsabilidad penal y atención psicosocial*. Tirant Lo Blanch. Luis Ruiz Rodríguez y José Navarro Guzmán, coords. Valencia, 2004, p. 50, «en los códigos penales españoles del xix prevaleció el modelo del discernimiento –con exclusión de la minoría por debajo de los nueve años–, pero desde el Código Penal de 1928 hasta 1995 se optó por la presunción de inimputabilidad del menor». Comenta, Mendoza T., José Rafael: *La protección y el tratamiento de los menores*. Editorial Bibliográfica Argentina. Buenos Aires, 1960, p. 3, «La escuela penal clásica fundamenta la imputabilidad en una responsabilidad moral que deriva del libre arbitrio, esto es, conciencia del acto y voluntad de cometerlo, y estima que el desenvolvimiento intelectual en el menor de edad marcha paralelamente a su desarrollo físico. Por tanto, cuando su inteligencia le permite discernir lo justo y lo bueno de lo injusto y lo malo, el acto ejecutado se le reprocha como delito si escoge el segundo camino, y el castigo se le impone también dosimétricamente, en proporción a su edad. Los códigos penales que concretan la doctrina clásica señalan un período de irresponsabilidad absoluta, y luego, etapas de culpabilidad condicionada al discernimiento, u otras de grande atenuación».

Posteriormente, se preconizó que su irresponsabilidad penal y su tratamiento era «tutelar» lo cual ocasiono que se sometieran a un proceso extremadamente discrecional en el juez, circunstancia que no era compatible con la naturaleza penal que motivaba la medida, pues un adulto sometido a un trámite penal ordinario disfrutaba de mayores garantías que los menores –irresponsables penalmente–, siendo que estos últimos por el mismo hecho eran objeto de trámites que, aunque en sus ideales anhelaban ser reeducativos, en la práctica resultaban claramente abusivos a la dignidad humana[224].

Finalmente, hoy se postula un sistema híbrido, pues se parte del reconocimiento de la capacidad penal para un sector de los adolescentes –los cuales, como se ha indicado, tienen capacidad civil limitada según su capacidad natural–, pero, a su vez, a dichos adolescentes a los que se les investigue su responsabilidad penal[225] estarán sometidos a un procedimiento penal

---

[223] *Vid.* MENDIZÁBAL OSES, Luis: «Segundas Jornadas Hispanoamericanas en torno al Derecho Especial del Menor». En: *Revista de Estudios Políticos*. N° 168. CEPC. Madrid, 1969, p. 303, comenta que el instrumento denominado: «Carta de los Derechos Fundamentales de la Colectividad Menor de Edad» establecía como principio: «La dignidad de la persona humana exige que el concepto de la responsabilidad, por la propia actuación, coincida en un todo con el de la capacidad de obrar con plena trascendencia jurídica. De ahí que se proclame la uniformidad cronológica de la mayoría de edad, sin discriminación alguna».

[224] *Vid.* CHIOSSONE, Tulio: *Manual de Derecho Penal venezolano*. UCV. Caracas, 1972, p. 153, «a los menores de 18 años el Estado les garantiza no ser declarados delincuentes. Es una exención absoluta, sea cual fuere el delito que cometan; solo son responsables civilmente. Se les juzga por medio de tribunales tutelares que aplican 'medidas de reeducación' de dudosa eficacia»; GARCÍA MÉNDEZ, Emilio: «Adolescentes en conflicto con la ley penal: Seguridad ciudadana y derechos fundamentales». En: *Derechos del niño. Textos básicos*. UNICEF. Caracas, 1996, p. 39, «Es sabido, que en el contexto de las leyes de 'menores' basadas en la doctrina de la situación irregular, en la mayor parte de los países de la región, los menores de 18 años son inimputables. La filosofía que inspira a las legislaciones basadas en la doctrina de la situación irregular y la enorme selectividad del funcionamiento real de los sistema actuales de administración de la justicia de 'menores', se ha transformado de hecho en la consagración estructural de la injusticia».

[225] Señala BASATTA, Alessandro: «La situación de protección del niño en América Latina». En: *Derechos del niño. Textos básicos*. UNICEF. Caracas, 1996, p. 28, «Se admite

especial[226] dotado de todas las garantías mínimas de un proceso penal de adulto, además de aquellas que sean propias al modelo especial (artículo 40 de la Convención sobre los Derechos del Niño)[227].

---

entonces una verdadera y propia responsabilidad penal del menor que es mucho mejor declararla así tal como es para salir de todos los eufemismos que han rodeado hasta ahora la real función punitiva con respecto de los menores infractores y no infractores, sino solamente abandonados».

[226] Comenta MARTÍNEZ SERRANO, Alicia: «Principios sustantivos y procesales básicos de la responsabilidad penal de los menores establecidos en la LO 5/2000». En: *La responsabilidad penal de los menores aspectos sustantivos y procesales*. Consejo General del Poder Judicial. María Rosario ORNOSA FERNÁNDEZ, directora. Madrid, 2001, p. 21, «Nos encontramos ante un Derecho Penal distinto. Un Derecho para exigir responsabilidad a las personas de edades comprendidas entre 14 y 18 años por unos hechos tipificados como delitos o faltas en las leyes penales y con unas consecuencias diferentes que las señaladas para los adultos en estas mismas leyes. Estas peculiaridades hacen que el propio legislador defina la naturaleza de la ley como formalmente penal y materialmente sancionadora educativa». *Cfr.* TERRADILLOS BASOCO: art. cit. («Responsabilidad penal...»), pp. 50 y 51, «el modelo de responsabilidad se caracteriza por considerar al menor –a partir de cierta edad que suele situarse en torno a los 14 años– como sujeto responsable, en términos similares al adulto, y como titular de derechos que se proyectan sobre todo el Derecho Penal y Procesal».

[227] *Cfr.* SANZ HERMIDA, Ágata María: *El nuevo proceso penal del menor*. Ediciones de la Universidad de Castilla-La Mancha. Cuenca, 2002, pp. 58 y 59, «Reconocer expresamente que tanto el proceso de menores delincuentes como el de mayores son procesos de naturaleza equivalentes lleva necesariamente a la aplicación de las garantías procesales básicas, que en virtud del principio de igualdad (...) constituyen 'un mínimo legal obligatorio e infranqueable', que siempre puede ser superado, pero nunca reducido (...) La consecuencia inmediata del reconocimiento de las garantías procesales básicas en el ámbito de la justicia de menores es la necesidad de que los procesos penales de estos sujetos se desarrollen ante auténticos órganos jurisdiccionales». Lo relevante es comprender que en el estadio actual se estará ante un proceso penal especial que tiene principios propios, es decir especiales, pero que no deja de ser por ello judicial e imbricado con la doctrina de la protección integral, de allí que debe tenerse cuidado de efectuar ligeras referencias al sistema procesal de adulto, pues puede que dichas fórmulas no satisfagan los objetivos específicos que persigue el sistema de responsabilidad penal del adolescente. *Cfr.* VARELA CÁCERES, Edison Lucio: «Problema en Pollensa: nueve casos sobre la actividad de la Defensa Pública en materia de Derecho de la Niñez y de la Adolescencia». En: *Revista de Derecho de la Defensa Pública*. N° 1. Caracas, 2015, pp. 118 y ss.

Por tanto, puede decirse que también aquí se está ante un sistema de capacidad natural, con un sector excluido de toda responsabilidad penal, que serían los menores de 14 años[228].

---

[228] MENDIZÁBAL OSES: ob. cit. (*Introducción al Derecho...*), p. 45, «La estricta minoría penal se configura e identifica con la primera etapa del desarrollo individual, precisamente por ser en este período de la vida cuando el hombre no posee aquellos elementos imprescindibles sobre los que se erige la imputabilidad, y en su consecuencia, la responsabilidad».

4. La capacidad de ejercicio en los niños y adolescentes en el Derecho venezolano

En el caso del ordenamiento jurídico venezolano, a la hora de definir su modelo se debe considerar que su Código Civil[229] actualmente vigente es de 1942 –con una reforma puntual en 1982–, lo cual evidencia que dicho texto legal, que tradicionalmente fija las reglas generales sobre capacidad de ejercicio, se encuentre claramente desfasado en relación con la doctrina surgida a partir de la Convención sobre los Derechos del Niño; por tanto, en su contenido solo se ubicarán normas como las que usualmente traían los códigos decimonónicos, a saber:

> Artículo 18.- Es mayor de edad quien haya cumplido 18 años. El mayor de edad es capaz para los actos de la vida civil, con las excepciones establecidas por disposiciones especiales.
>
> Artículo 1144.- Son incapaces para contratar en los casos expresados por la ley: los menores…

---

[229] Su codificación toma como base modelos foráneos, así el primero de 1862 sigue el Código Napoleón, el de Andrés BELLO y antiguas leyes españolas; el de 1867 fue una copia del Proyecto de Código español de Florencio GARCÍA GOYENA; el de 1873 está inspirado en el Código Civil italiano de 1865; siguieron otros con modificaciones menores principalmente en las instituciones familiares –1880, 1896, 1904, 1916 y 1922–; y el actual que como se dijo es de 1942 que incorpora reformas sustanciales en materia de Derecho de Obligaciones inspirado por el Proyecto Franco-Italiano de Obligaciones de 1927, que pretendió unificar el Derecho de Obligaciones de dichos países, pero que los mismos no adoptaron. *Vid. Código Civil de Venezuela artículos 1 al 18*. UCV. Leonardo CERTAD *et alter*, relatores. Caracas, 1969, pp. 21 y ss.; OCHOA GÓMEZ, Oscar E.: *Los 80 años del Proyecto Ítalo-Francés de Código de las Obligaciones y de los Contratos (1927-2007)*. Academia de Ciencias Políticas y Sociales. Caracas, 2008.

Comenta H̲u̲n̲g̲ V̲a̲i̲l̲l̲a̲n̲t̲ que «del artículo 18 del Código Civil emerge una clasificación de las personas entre aquellas que tienen aptitud para producción plenos efectos jurídicos mediante actos de la propia voluntad –personas capaces– y aquellos cuya aptitud para producir efectos jurídicos mediante actos de la propia voluntad es nula o está disminuida –incapaces– (...) de la misma norma legal mencionada se desprende que todos los menores de edad están en principio afectados de cierto grado de incapacidad»[230]. No obstante lo expuesto –que no es otra cosa que abonar en el terreno de la posición tradicional en materia de capacidad de obrar–, el autor reflexiona sobre tal enfoque y señala:

> Vale la pena destacar aquí que la clasificación que resulta del artículo 18 del Código Civil es totalmente arbitraria en el sentido de que la edad escogida a los efectos de reconocer en general capacidad de obrar a los individuos de la especie humana no responde exactamente a la realidad de los hechos; sino a un margen de probabilidades en el plano real. En efecto, la capacidad del individuo debería estar estrechamente relacionada, en cada caso concreto, con el grado de madurez y experiencia vital de la persona; atributos que mientras mayores sean en la persona, le transmiten un mayor y mejor entendimiento de las consecuencias de sus actos y por tanto, se corresponde con ese querer reflexivo o racional que debe existir en un grado necesario para que se pueda decir con propiedad que la persona prestó su consentimiento a los efectos de la creación, modificación o extinción del vínculo jurídico de que se trate[231].

Empero, otra es la fórmula que sigue la Ley Orgánica para la Protección de Niños, Niñas y Adolescentes que, al desarrollar la doctrina de la protección integral, transforma sutilmente el modelo de capacidad de ejercicio de los niños y adolescentes, estableciendo un sistema fundado en la capacidad evolutiva[232], a saber:

---

[230] H̲u̲n̲g̲ V̲a̲i̲l̲l̲a̲n̲t̲: ob. cit. (*Derecho Civil I*), pp. 262 y 263.
[231] Ibíd., p. 263.
[232] En efecto, comenta L̲u̲i̲s̲ L̲u̲i̲s̲: ob. cit. (*Protección de los derechos...*), p. 54, «A la luz de la Doctrina de Protección Integral, no se considera a niños, niñas y adolescentes

4.1. La capacidad evolutiva. Nuevo modelo surgido a partir de la Convención sobre los Derechos del Niño

En nuevo modelo de capacidad de obrar para los menores de edad nace «sutilmente» por cuanto al igual que la Convención sobre los Derechos del Niño la Ley Orgánica para la Protección de Niños, Niñas y Adolescentes no se pronuncia expresamente en términos categóricos estableciendo una regla general sobre la apuntada capacidad progresiva[233]. Sin embargo, una sana hermenéutica de las diversas disposiciones y del modelo en general permite arribar a la conclusión ineludible de que en el ordenamiento jurídico venezolano impera un modelo de capacidad evolutiva para los niños y adolescentes. En todo caso, las normas fundamentales para llegar al anterior resultado son las siguientes:

> Artículo 1.- Objeto. Esta Ley tiene por objeto garantizar a todos los niños, niñas y adolescentes, que se encuentren en el territorio nacional, el ejercicio y el disfrute pleno y efectivo de sus derechos y garantías...

> Artículo 8.- (...) Parágrafo primero: Para determinar el interés superior de niños, niñas y adolescentes en una situación concreta se debe apreciar: (...) e. La condición específica de los niños, niñas y adolescentes como personas en desarrollo...

> Artículo 13.- Ejercicio progresivo de los derechos y garantías. Se reconoce a todos los niños, niñas y adolescentes el ejercicio personal de sus derechos y garantías, de manera progresiva y conforme a su capacidad evolutiva. De la misma forma, se le exigirá el cumplimiento de sus deberes.

---

como personas carentes de toda racionalidad, puesto que ello equivaldría a calificarlos incapaces plenos y absolutos legalmente, lo cual es incoherente e incompatible con la misma».

[233] VAAMONDE: ob. cit. (*La capacidad procesal...*), p. 93, sostiene que «la consideración de que los niños, niñas y adolescentes son sujetos de derecho, es decir titulares de derechos y de deberes, dentro del ámbito de los criterios y principios orientadores de la doctrina de la protección integral, se hace imprescindible replantear el tema de la capacidad para romper con el esquema sostenido por la concepción civilista tradicional».

Parágrafo Primero. El padre, la madre, representantes o responsables tienen el deber y el derecho de orientar a los niños, niñas y adolescentes en el ejercicio progresivo de sus derechos y garantías, así como en el cumplimiento de sus deberes, de forma que contribuya a su desarrollo integral y a su incorporación a la ciudadanía activa.

Parágrafo Segundo. Los niños, niñas y adolescentes en condición de discapacidad mental ejercerán sus derechos hasta el máximo de sus facultades.

Como se observa la disposición antes transcrita, tiene como antecedente inmediato el artículo 5 de la Convención sobre los Derechos del Niño, siendo incluso más clara al aludir expresamente a los términos «capacidad evolutiva»[234]. Al respecto PEÑARANDA QUINTERO señala:

---

[234] Incluso en la «Exposición de motivos» de la «Propuesta de reforma parcial a la Ley Tutelar del Menor», texto embrionario mediante el cual se aspiraba a adecuar el Derecho interno a la Convención y que fue ampliamente superado por la ley que término sancionándose, indicaba: «el niño es considerado ciudadano desde la concepción y con acceso a los derechos sociales desde ese mismo momento y según su evolución va ascendiendo a derechos y responsabilidades más elaborados hasta completar la mayoría de edad. Por eso habrá un momento para ser oído o emitir opinión, otro para ingresar a la fuerza laboral, reclamar pensión de alimentos o ser considerado infractor. La evolución no se completa mágicamente a los 18 años, porque cada etapa del desarrollo tiene su propia madurez y complejidad», por lo que añade «la propuesta concibe la niñez y adolescencia como un período de evolución progresiva, que va generando aptitudes y capacidades en cada etapa», véase: *Propuesta del Instituto Nacional del Menor a la Comisión Especial del Congreso que estudia la reforma parcial a la Ley Tutelar del Menor*. INAM. Caracas, 1996, pp. 17 y 24. Por su parte, CAPRILES, Ruth *et alter*: «Análisis del Anteproyecto de Ley Orgánica de Protección a la Niñez y Adolescencia». En: *De los menores a los niños una larga trayectoria*. UCV. Caracas, 1999, p. 432, subraya que «El artículo 5 de la Convención sobre los Derechos del Niño consagra el principio del ejercicio progresivo de sus derechos por parte del niño (...) Solo reconociendo progresivamente el ejercicio de sus derechos es que se puede convertir definitivamente al niño en sujeto de derecho (...) Adicionalmente, debemos señalar que el ejercicio progresivo de los derechos constituye una vía efectiva para lograr la formación de jóvenes ciudadanos, conscientes de sus derechos y responsabilidades dentro de una sociedad democrática. Solo atribuyendo responsabilidades y derechos progresivamente a los niños es que estos pueden desarrollarse armónicamente».

> ... los derechos y las responsabilidades de los niños y adolescentes son los mismos independientemente de la edad. No obstante, la forma de ejercerlos varía de acuerdo a las posibilidades y las limitaciones que le imponen los cambios evolutivos y a las expectativas culturales de su entorno (...) El legislador patrio al concederle a través de la Ley Orgánica para la Protección de Niños, Niñas y Adolescentes a niños y adolescentes el ejercicio personal de sus derechos y garantías de manera progresiva y conforme a su capacidad evolutiva (artículo 13), nos lleva a concluir que los cambios consecutivos acumulativos que caracterizan cada periodo del ciclo vital siguiendo un orden de menor a mayor complejidad y diferenciación, cada niño lo sigue a su propio ritmo, mediante las destrezas esperadas dentro de su ciclo evolutivo[235].

Por su parte, MORALES observa que de la doctrina de la protección integral –sustentada en la Convención sobre los Derechos del Niño y en la Ley Orgánica para la Protección de Niños, Niñas y Adolescentes– se desprende «un criterio progresivo de madurez» como principio:

> El nuevo sistema acaba con la frontera rígida de la minoridad-mayoridad de la Ley que deroga. De 'la Convención' se desprende esta nueva visión de la minoridad al introducir un criterio progresivo de madurez estrechamente vinculado a la individualidad de cada niño y dejando atrás la separación tajante entre menores y mayores, como ha venido siendo considerada hasta ahora. Si bien el artículo 1 de 'la Convención' establece que se entiende por niño a todo ser humano menor de 18 años de edad, sin embargo en el discurso empleado a todo lo largo de su articulado se destaca la importancia que debe tener la evolución natural del ser humano en la aplicación y ejercicio de los derechos allí consagrados[236].

---

[235] PEÑARANDA QUINTERO, Héctor: *Derecho Civil I Derecho de Personas*. 2ª, LUZ. Maracaibo, 2012, pp. 50 y 51 (también en: *Fundamentos del Derecho de la Niñez y de la Adolescencia*. 2ª, LUZ. Maracaibo, 2013, pp. 184 y 185).

[236] MORALES L., Georgina: *La divergencia entre la Ley Tutelar de Menores y la Convención sobre los Derecho del Niño. Su adecuación a través de la Ley Orgánica para la*

En palabras de CASTILLO: «El nuevo texto legal pretendió –y así lo ha ido logrando– dar un viraje total –con relación al Derecho anterior– en materia de capacidad de ejercicio de las personas que no han llegado a la mayoridad. En tal orden de ideas, se pretende eliminar el modelo de la incapacidad general, plena y uniforme para tales personas y se les sustituye por una 'capacidad evolutiva' de acuerdo a lo previsto en el artículo 13», tal cambio implica en términos prácticos la «Aceptación de la capacidad jurídica progresiva y acorde a su desarrollo (…) para ejercer de manera personal y directa todos sus derechos y garantías, al igual que el cumplimiento de sus deberes y responsabilidades, con el acompañamiento y guía de sus padres, representantes o responsables»[237].

Lamentablemente, la doctrina venezolana –AGUILAR GORRONDONA, OCHOA GÓMEZ, LEAL RANGEL[238], DE FREITAS DE GOUVEIA y DOMÍNGUEZ GUILLÉN[239]–,

---

Protección del Niño y del Adolescente (en cuanto a las penas de privación de libertad). UCV. Caracas, 2001, p. 92. *Cfr.* VAAMONDE: ob. cit. (*La capacidad procesal…*), p. 98, «se puede concluir que la capacidad de ejercicio de los niños, niñas y adolescentes, fue modificada con base en la nueva legislación, basada en la Convención sobre los Derechos del Niño y la legislación especial sobre la materia». También, PARRA CASTRO, Nélida J.: *Intervención del hijo adolescente sometido a patria potestad en la administración de sus bienes*. UCV. Trabajo especial de grado para optar al título de especialista en Derecho de la Niñez y de la Adolescencia. Caracas, 2011, p. 29, apunta que «la capacidad de obrar del menor crece a medida de su desarrollo evolutivo, cuya orientación siempre estará supervisada por sus padres o representantes. Ocurre pues, claramente una ruptura del viejo esquema de incapacidad plena que se solía mantener sobre los menores». Entonces, según refiere LUIS LUIS: ob. cit. (*Protección de los derechos…*), p. 56, «Con la Ley Orgánica para la Protección de Niños, Niñas y Adolescentes en materia de capacidad de ejercicio de las personas que no han llegado a la mayoridad, se pretende eliminar el modelo de la incapacidad general, plena y uniforme para tales personas y se les sustituye por una 'capacidad evolutiva' de acuerdo a lo previsto en el artículo 13 de la mencionada Ley».

[237] CASTILLO: art. cit. («Capacidad jurídica…»), pp. 92 y 95.
[238] LEAL RANGEL, Jorge: «La capacidad». En: *Manual de Derecho Civil: Personas*. 2ª, FUNDESDE. San Cristóbal, 2013, pp. 209 y 212, «sí existe la incapacidad general de obrar –niño o adolescente–», «se tiene incapacidad negocial o de ejercicio cuando se es menor de edad».
[239] DOMÍNGUEZ GUILLÉN: ob. cit. (*Ensayos sobre capacidad…*), pp. 38, 62, 99 y 100, considera que «El menor de edad no emancipado, en principio, es incapaz de obrar y a su

así como los operadores de justicia en su mayoría, no han logrado efectuar la transición del modelo tradicional de capacidad de ejercicio –centrado exclusivamente en el criterio objetivo de la edad– al nuevo esquema –fundado en el desarrollo integral de las aptitudes en concreto que pondera la madurez, la relación jurídica, la edad y el interés superior para determinar subjetivamente si se posee capacidad natural en específico– y, por ello, muchos siguen sosteniendo que los menores de edad son «incapaces plenos», cuando ello es diametralmente contrario a los principios que sustenta la doctrina de la protección integral[240].

---

vez es un incapaz en el ámbito negocial y procesal, salvo que la ley expresamente le otorgue capacidad plena o limitada para la realización de ciertos actos», así «el adolescente es incapaz civil porque no ha llegado a la mayoría de edad (…) sin embargo, en condiciones normales tiene discernimiento porque ya cuenta con edad suficiente para comprender el alcance de sus acciones» además sostiene que «la regla de la incapacidad del menor tiene importantes excepciones (…) De allí que acertadamente se haya negado la 'incapacidad general' del menor de edad, pues con relativa frecuencia se desenvuelven por si solos en el tráfico jurídico, lo cual ocurre a medida que se aproxima a la mayoría de edad», finalmente reconoce que «la capacidad de obrar depende del proceso evolutivo del ser humano y se adquiere en forma progresiva con la madurez» aunque la condiciona al límite objetivo de la edad.

[240] Por su parte, PEÑARANDA QUINTERO: ob. cit. (*Derecho Civil…*), pp. 49, 50 y 59, no obstante reconocer la capacidad progresiva en los niños y adolescentes se ubica más bien en un sector intermedio, pues la visualiza como una excepción y no como la regla general, concretamente apunta: «Toda persona en la legislación venezolana que no haya llegado a la edad de 18 años se llama menor y por lo tanto incapaz, por lo que está colocado bajo la autoridad de una persona de su familia, no pudiendo realizar actos jurídicos por sí mismo o en todo caso, sin la debida autorización, quedando a salvo las acotaciones que ya se han hecho sobre la capacidad progresiva de los niños, niñas y adolescentes, así como la capacidad procesal de los adolescentes»; además, asocia la capacidad evolutiva a la edad y no a la propia madurez que corresponde a cada sujeto según su personalidad en desarrollo, específicamente indica: «La edad en el ámbito del Derecho tiene sus efectos en la capacidad según se tenga una edad u otra, porque marca un posible nivel de discernimiento de los sujetos de derecho en razón de la estrecha relación que existe entre edad y madurez. La capacidad de obrar supone y requiere de la voluntad, y esta viene dada progresivamente en razón de la edad». Recuérdese que lo que se sostiene es que la madurez es determinada según criterios subjetivos presentes en cada individuo, donde además confluye la edad, lo cual es distinto a que diversas edades a medida que ascienden determinen la madurez exclusivamente, pues esto último no es otra cosa que caer otra vez en el modelo tradicional objetivo pero con matices. También, HUNG VAILLANT: ob. cit. (*Derecho Civil I*),

En efecto, la propia «Exposición de motivos» de la Ley Orgánica de 1998 se expresa en términos categóricos en relación con esta materia, indicando:

> ... la Ley consagra y reconoce expresamente a todos los niños y adolescentes la titularidad de un conjunto de derechos fundamentales, garantizándoles adicionalmente el ejercicio personal de los mismos en forma progresiva (...) se reconoce a niños y adolescentes el ejercicio progresivo de sus derechos y garantías, así como el cumplimiento de sus deberes. Este régimen progresivo de derechos, garantías

---

pp. 277 y 278, quien si bien parte de la idea de que «Parecería que el nuevo texto legal pretendió dar un viraje total en materia de capacidad de ejercicio de las personas que ni han llegado a la mayoridad (...) se elimina –o pretende eliminar– el modelo de incapacidad general, plena y uniforme para tales personas y se sustituye por una 'capacidad evolutiva'», termina sucumbiendo ante las tentaciones tradicionales y concluye «parece claro que una 'capacidad progresiva' de niños y adolescentes, tiene por resultado una intolerable inseguridad jurídica. En efecto, aun cuando el criterio objetivo –edad– no es en muchos casos el más acorde con la realidad a los efectos de la determinación de la capacidad negocial, introducir en el régimen negocial un elemento de incertidumbre –por lo subjetivo y casuístico–, no ofrece garantías ni para el mayor de edad que contrata con el menor, ni para éste», aunque termina reconociendo que si «comporta una modificación de la capacidad procesal de niños y adolescentes» –HUNG VAILLANT, Francisco: «Notas sobre la capacidad jurídica de niños y adolescentes a la luz de la Ley Orgánica para la Protección del Niño y del Adolescente». En: *Revista de Derecho*. Nº 2. TSJ. Caracas, 2000, pp. 354 y ss.–. Igual razonamiento sigue MATTUTAT MUÑOZ, Marjorie Patricia: «Minoridad y mayoridad». En: *Manual de Derecho Civil: Personas*. 2ª, FUNDESDE. San Cristóbal, 2013, pp. 225 y 227, pues aunque reconoce que a partir de la Ley Orgánica para la Protección de Niños, Niñas y Adolescentes se debe «replantear un poco la manera como se ha considerado, de entrada, como un absoluto incapaz de obrar, tal vez deberíamos hablar de que el menor de edad tiene una capacidad de obrar limitada en los términos y condiciones previstos en la ley», añade al referirse al modelo subjetivo que «lo ideal sería que el grado de capacidad de cada persona estuviera determinado por su madurez, es decir, por su capacidad de entendimiento, de responsabilidad de sus actos, su capacidad de diferenciar lo bueno de lo malo, su discernimiento, pues así podríamos estar seguro de a partir de cuándo el sujeto es realmente apto para celebrar actos jurídicos válidos y para comprender el resultado de dichos actos, lo cierto es que un sistema en tal magnitud subjetivo, lejos de brindar protección, genera desprotección, por ser jurídicamente inseguro».

y deberes es uno de los principios fundamentales de la doctrina de la protección integral, no consagrarlo expresamente implicaría una clara contravención a la Convención. Ahora bien, este régimen progresivo no implica que el niño o el adolescente pueda ejercer de forma inmediata, después de la vigencia de la Ley, todos sus derechos y garantías. Por el contrario, se consagra un régimen en el cual el niño y el adolescente se le va reconociendo el ejercicio de sus derechos y garantías conforme a su desarrollo o evolución de sus facultades, el cual va acompañado de un incremento progresivo de sus deberes y su responsabilidad, inclusive en materia penal. Asimismo, se indica expresamente que los padres, representantes y responsables tienen el deber de orientarlos en el ejercicio de sus derechos y garantías de forma que contribuya a su desarrollo integral y a su incorporación a la ciudadanía activa. En definitiva, no se trata de otorgar capacidad plena a los niños y adolescentes, sino más bien de reconocer el ejercicio personal de sus derechos y garantías con la debida orientación. Adicionalmente, es necesario señalar que en ciertos derechos, usualmente en aquellos vinculados a la defensa de otros derechos, se ha considerado pertinente establecer expresamente que a partir de determinada edad los niños o adolescentes pueden ejercerlos por sí mismos, ya que ello implica una garantía adicional de protección…

Como se evidencia, es lógico interpretar que con lo anterior se colocan las bases para el desarrollo de un nuevo modelo de capacidad, ya que el que se ha denominado «tradicional» es claramente antagónico a principios fundamentales que sustentan el paradigma de la protección integral, como a los principios del interés superior del niño (artículo 8 de la Ley Orgánica para la Protección de Niños, Niñas y Adolescentes) o de participación (artículos 4, 5 y 6 *eiusdem*)[241].

---

[241] *Cfr.* VAAMONDE: ob. cit. (*La capacidad procesal…*), p. 94, «la capacidad progresiva que establece el artículo 13 de la Ley Orgánica para la Protección del Niño y del Adolescente, ha sustituido definitivamente la consideración de los 'menores de edad' como absolutamente incapaces»; CORNIELES, Cristóbal: «Los principio de la doctrina de la protección integral y las disposiciones directivas de la Ley Orgánica para la Protección del Niño y del Adolescente». En: *Introducción a la Ley Orgánica para la Protección*

En cuanto al recelo de la doctrina venezolana de efectuar la transición del modelo tradicional al convencional, existen muchos factores que en general han sido obstáculos para la vigencia efectiva de todo el modelo de protección; así se pueden mencionar, a título ilustrativo, como aspectos que contribuyen a mantener ese estado de atraso en la vigencia del modelo convencional los siguientes: i. Existe una evidente deuda legislativa; en efecto el ordenamiento jurídico venezolano no ha normado a través de leyes especiales los derechos de la personalidad; además, el Código Civil se encuentra desfasado con la dinámica social, lo cual es muy evidente en materia de Derecho de Familia y, en general, en lo tocante a los derechos personales. Ello ha incidido negativamente por cuanto ha generado un estancamiento de esta área del Derecho, de lo cual es cómplice la doctrina al no recurrir a los principios generales del Derecho para oxigenar las instituciones e interpretarlas según los nuevos postulados[242]; ii. por otra parte, los operadores de justicias que laboran dentro del sistema de protección en su mayoría no cuentan con la formación especializada en Derecho de la Niñez y de la Adolescencia[243], lo cual dificulta que

---

del Niño y del Adolescente. UCAB. Maria G. Morais, coord. Caracas, 2000, p. 41, «la ley se funda en la concepción de los niños y adolescentes como sujetos plenos de Derecho, pues se señala que debe asegurárseles 'el ejercicio y disfrute peno y efectivo de sus derechos y garantías' (…) Al tiempo que se garantiza expresamente que tienen capacidad para ejercer sus derechos por sí mismos –de manera progresiva, conforme a su capacidad evolutiva y bajo la orientación de sus padres representantes o responsables, según lo dispuesto en el artículo 13 de la LOPNA–».

[242] *Vid.* Varela Cáceres, Edison Lucio: «Introducción a los principios generales de Derecho: especial referencia a los principios sectoriales del Derecho Laboral». En: *Revista Venezolana de Legislación y Jurisprudencia*. N° 5. Caracas, 2015, pp. 247 y ss.

[243] Así por ejemplo, en Venezuela ninguno de los magistrados de la Sala de Casación Social del Tribunal Supremo de Justicia, que son a los que les corresponde conocer de los recursos de casación en materia de Derecho de la Niñez y de la Adolescencia (artículo 262 de la Constitución de la República Bolivariana de Venezuela), poseen estudios especializados en infancia –véase sus currículos en la página oficial del tribunal, www.tsj.gob.ve–. *Vid.* Observación General N° 10, sobre sistema de justicia donde se recomienda que «los Estados Partes velarán por que se nombre a jueces o magistrados especializados de menores» (párrafo 93); así como Observación General N° 13, que aconseja el «establecer tribunales especializados de menores o de familia para los niños que hayan sido víctimas de violencia» y establece que «Todos los profesionales que trabajen con y para los niños e intervengan en esos casos deben recibir una formación

incidan positivamente en la interpretación de las normas sobre capacidad de acuerdo con el modelo que postula la Convención y, en muchos casos, únicamente reiteran el modelo anacrónico decimonónico.

En todo caso, lo antes advertido no debe ser un obstáculo insalvable, pues, como se indicó de las normas que trae la Ley Orgánica para la Protección de Niños, Niñas y Adolescentes, se desprende claramente la intención de implementar un modelo de capacidad natural, con preferencia en lo referente a los derechos fundamentales regulados en el referido texto legal.

En tal sentido, resulta oportuno comentar que, si bien existe un silencio cómplice del legislador en materia de derechos de la personalidad y Derecho Civil, en lo referente a las adecuaciones que se demanda a partir de la Convención, la Constitución de la República Bolivariana de Venezuela y la Ley Orgánica para la Protección de Niños, Niñas y Adolescentes, no ocurre lo mismo en un sector muy puntual referente a los derechos políticos, así la Ley Orgánica del Poder Público Municipal[244] al regular los requisitos de elegibilidad

---

interdisciplinaria especial sobre los derechos y las necesidades de los niños de diferentes grupos de edad, así como sobre los procedimientos más idóneos para ellos» (párrafo 56). Igualmente, la Observación General N° 16, recomienda «Capacitar a los jueces y otros funcionarios administrativos, así como a los abogados y los proveedores de asistencia jurídica, para asegurar la correcta aplicación de la Convención y sus protocolos» (párrafo 61.c), o la Observación General N° 17, «Todos los profesionales que trabajan con niños o para ellos, o cuyo trabajo repercute en los niños deben recibir una formación sistemática y continua sobre los derechos humanos del niño» (párrafo 58.h). Comenta GUZMÁN FLUJA y CASTELLEJO MANZANARES: ob. cit. (*Los derechos procesales...*), pp. 29 y 37, «debe afirmarse que en la materia que nos ocupa esta especialización se revela inevitable, siendo uno de los pocos supuestos en los que la unanimidad es total», por tanto «los órganos especializados, necesitan de personal especializado en las materias que se le encomienden. Esta necesidad se predica, en primer término, de los jueces y magistrados». Véase: artículo 78 de la Constitución de la República Bolivariana de Venezuela; *cfr.* VARELA CÁCERES, Edison Lucio: «Introducción al Derecho de la Niñez y de la Adolescencia». En: *Revista Venezolana de Legislación y Jurisprudencia*. N° 4. Caracas, 2014, pp. 149 y ss.

[244] *Vid. Gaceta Oficial de la República Bolivariana de Venezuela* N° 6015 extraordinario, del 28-12-10. También, la Ley Orgánica de los Consejos Comunales (*Gaceta Oficial*

de las juntas parroquial de los municipios señala que pueden ser votados todos los ciudadanos a partir de los 15 años (artículo 36).

Sobre el artículo 36 de la Ley Orgánica del Poder Público Municipal se intentó una acción de inconstitucionalidad por supuestamente vulnerar el límite impuesto por el artículo 64 de la Constitución, que para ser elector fija la edad de 18 años. La Sala Constitucional del Tribunal Supremo de Justicia para resolver la controversia analiza los artículos 78 y 79 del Texto Supremo y 3, 10, 81, 83, 84, 85 y 96 de la Ley Orgánica para la Protección de Niños, Niñas y Adolescentes, señalando sobre el particular lo siguiente:

> ... se reconoció en los niños, niñas y adolescentes su condición de sujetos de derecho y, por ende, de gozar de todos los derechos y garantías consagrados en favor de las personas en el ordenamiento jurídico (...) Las normas transcritas se encuentran alineadas con los derechos políticos universalmente reconocidos en la Convención (...) que regula el derecho a la libertad de pensamiento, conciencia y religión, la libertad de expresión e información, derecho a opinar libremente y el derecho a la libre reunión y asociación (...) el ejercicio de estos derechos se entiende como un proceso progresivo y evolutivo que requiere la orientación de sus padres, madres o representantes legales (...) aprecia la Sala que el ordenamiento jurídico venezolano ha establecido un conjunto de reglas que, con fundamento en el mandato constitucional previsto en los artículos 78 y 79 del Texto Fundamental, promueven la incorporación progresiva de los adolescentes mayores de 15 años a la ciudadanía activa y reconocen su derecho de ser sujetos activos en el proceso de desarrollo del nuevo modelo político, permitiendo su incorporación en

---

de la República Bolivariana de Venezuela N° 39335, del 28-12-09), establece para la participación en las «asambleas de ciudadanos» o para postularse como vocero o vocera del «consejo comunal» la edad de 15 años (artículos 7, 15, 21, 40 y 41). En similares términos se expresa la Ley Orgánica de las Comunas (*Gaceta Oficial de la República Bolivariana de Venezuela* N° 6011 extraordinario, del 21-12-10), para «ser miembro del Parlamento Comunal», «vocero del Consejo de Economía Comunal» o elegir «jueces comunales» (artículos 24, 38 y 57).

el marco constitucional que recoge los aspectos fundamentales de la democracia participativa y protagónica, y a su vez la articulación e integración con otros ciudadanos, ciudadanas y las diversas organizaciones comunitarias y demás movimientos sociales para que formen parte en la gestión de las políticas públicas y proyectos orientados a responder las necesidades y aspiraciones de las comunidades en las que hacen vida estos adolescentes. Como consecuencia de lo antes expuesto, considera esta Sala que la referida norma de ninguna manera vulnera el límite impuesto por el artículo 64 del Texto Fundamental...[245].

Como se puede observar, aunque la decisión es deficitaria en sus argumentos y omite injustificablemente referirse al artículo 13 de la Ley Orgánica para la Protección de Niños, Niñas y Adolescentes que justamente se refiere a la capacidad evolutiva, razona que la disminución del rango etario para el ejercicio de los derechos políticos se explica en la progresividad del ejercicio de los derechos fundamentales y su vinculación directa con la participación y la incorporación activa a la sociedad democrática, aspectos que la Constitución regula y promociona para los niños y adolescentes[246].

---

[245] TSJ/SC, sent. N° 355, del 16-05-17. Vale la pena recordar que los gobernantes siempre han estado interesados en rebajar la edad para el ejercicio de derechos políticos y así cautivar nuevos electores, ejemplo de lo dicho se observó en España con la reducción de la mayoría de edad para la participación en el referendo aprobatorio de la Constitución de 1978 y que fue además incorporado en el texto constitucional en su artículo 12. Véase: RAVETLLAT BALLESTÉ: art. cit. («¿Por qué dieciocho...»), pp. 146 y ss.; LASARTE, Carlos: «Artículo 12. Mayoría de edad». En: *Comentarios a la Constitución Española de 1978*. Tomo II. Director Óscar ALZAGA VILLAAMIL. Cortes Generales-EDERSA, Madrid, 1997, pp. 176 y ss.; RAMOS CHAPARRO: art. cit. («Niños y jóvenes...»), pp. 175 y ss.

[246] CORNIELES, Cristóbal: «Los derechos y deberes de los niños, niñas y adolescentes en la Constitución de la República Bolivariana de Venezuela: Una aproximación general». En: *Primer año de vigencia de la Ley Orgánica para la Protección del Niño y del Adolescente. II Jornadas sobre la LOPNA*. UCAB. Cristóbal CORNIELES, coord. Caracas, 2001, p. 44, sostiene: «Esta capacidad de ejercicio progresiva se extiende exclusivamente a aquellos derechos políticos *latu sensu* o en sentido amplio, en los cuales no se fijan edades expresamente para ejercerlos. Piénsese entre otros en el derecho a participar (artículo 62), el derecho a manifestar públicamente (artículo 68), el derecho de petición (artículo 51), o el derecho a la libertad de expresión (artículo 57)».

En conclusión, no existe duda de que el modelo de capacidad que rige en Venezuela es el denominado convencional o de capacidad evolutiva[247], las dificultades se aprecian es en la posibilidad de concretizar en la realidad las normas que lo postulan. Pues, tal doctrina –se subraya– es todavía hoy una novedad en el foro venezolano, y por ello es mirada con suspicacia o indiferencia por los conspicuos juristas que han estudiado la materia sin profundizar en los principios inspiradores del paradigma de la protección integral.

En efecto, una ojeada atenta a todo el paradigma que se deduce de la Convención sobre los Derechos del Niño sería suficiente para comprender que la pretendida «incapacidad plena» para los menores de edad que promueve el modelo tradicional no puede tener cabida en un esquema que parte de considerar a los niños y adolescentes como verdaderos sujetos de derechos que ejercen sus facultades de acuerdo con su propia madurez. Donde además se indican diversos escenarios en los cuales no solo es posible el ejercicio personal de las facultades de que se es titular, sino una verdadera necesidad para consolidar el modelo de protección, pues sin ella no se lograría formar una juventud activa y participativa que le corresponda intervenir en la sociedad bajos principios de libertad, democracia y respeto de los derechos humanos.

4.2. Tipos de capacidad de ejercicio en el caso de niños y adolescentes

A los fines de observar en qué medida se ha especificado el modelo de capacidad progresiva de los niños y adolescentes en el ordenamiento jurídico venezolano se juzga adecuado recurrir a los tipos de capacidad de ejercicio descritos en el capítulo 1, para así, además, corroborar su utilidad práctica.

---

[247] CUEVAS: art. cit. («Derecho a la participación...»), pp. 35 y 36, lo afirma sin ambages «En nuestro ordenamiento jurídico no existe duda alguna respecto a que los niños y adolescentes son titulares de derechos, que pueden ejercerlos personalmente, y que tienen derecho a defender sus derechos, frente a todos los obligados en la materia, lo que incluye a los órganos del Estado. Esa es la base de la doctrina de la protección integral».

4.2.1. Capacidad de obrar natural del niño y del adolescente

La distinción entre capacidad de obrar natural y civil que en el modelo tradicional tenía razón de ser, pierde su relevancia ante el modelo convencional[248], pues este último promociona que la capacidad de obrar «legal» de los niños y adolescentes siempre coincida con la que «naturalmente» posee el sujeto en determinado caso según su desarrollo evolutivo, estableciéndose en consecuencia una yuxtaposición de conceptos, al grado de ser equivalentes.

Ciertamente, al referirnos a la capacidad de ejercicio de un niño o adolescente, ya no hace falta distinguir entre lo que la ley presume y lo que de hecho ocurre –salvo tal vez en los contratos si se mantienen las normas tradicionales en esta materia–, siendo que lo relevante es el aspecto fáctico y ello es en lo que ahora pone énfasis el ordenamiento jurídico. Por tanto, para ser enérgicos se habla de capacidad natural y así se subraya que el criterio que determina la capacidad de obrar es la aptitud concreta que de acuerdo a la madurez detenta el sujeto para determinada relación jurídica, ponderando a su vez la edad, e interés superior.

4.2.2. Capacidad de obrar limitada del niño y del adolescente

Aunque a través del modelo convencional se ha avanzado sustancialmente, consideraciones prácticas obligan a mantener algunas limitaciones en materia de ejercicio de los derechos y cumplimientos de los deberes por parte de los niños o adolescentes. Por tanto, no puede hablarse para este grupo etario de plena capacidad –como ocurre con los adultos–, pero, por las mismas razones, es inconcebible que se sostenga que son incapaces plenos. Por ello se afirma que, en el caso de los menores de edad, siempre se estará al frente de una

---

[248] Así lo avizora RAMOS CHAPARRO: ob. cit. (*La persona y su capacidad...*), p. 212, «De ahí que llamar hoy civil a la capacidad natural, no suponga una curiosa paradoja, sino la culminación de un proceso histórico en el que las bases biopsicológicas del ser humano, las facultades naturales que configuran el autogobierno, han terminado por erigirse, como la forma *iuris* más relevante de la subjetividad activa en el Derecho de la persona».

capacidad limitada, relativa o semicapacidad, la cual vendrá determinada según algunas reglas específicas y la capacidad natural de la persona a considerar.

4.2.3. Capacidad de obrar contractual y por hecho ilícito del niño y del adolescente

Sobre esta distinción tradicional urge una revisión, pues, como se ha indicado, la doctrina parte de generalizar las normas que rigen al contrato (artículos 1143 y 1144 del Código Civil), para aplicarlas como reglas generales a todos los demás negocios jurídicos[249] y, como se ha evidenciado, la Ley Orgánica para la Protección de Niños, Niñas y Adolescentes postula un modelo distinto, que al ser una Ley «especial» y «orgánica» debería privar como canon básico para todos aquellos supuestos donde no existan disposiciones especiales.

Por otro lado, aunque se postula en el Código Civil que los niños y adolescentes «son incapaces para contratar»[250] al examinar los efectos jurídicos de

---

[249] Es el caso de GRATERÓN GARRIDO: ob. cit. (*Derecho Civil I...*), p. 164, quien sostiene en relación con el artículo 1144 del Código, «Esta regla formulada incidentalmente a propósito de los contratos, es general y se aplica a todos los actos jurídicos». En similar sentido, ESPÍN CÁNOVAS: ob. cit. (*Derecho Civil...*), p. 406, «La capacidad para contratar es una aplicación particular de la capacidad de obrar en general, por lo que hay que partir de los principios que rigen ésta». Lo anterior contraria el principio que menciona DOMINICI, Aníbal: *Comentarios al Código Civil venezolano (reformado en 1896)*. Tomo II. Editorial REA. Caracas, 1962, p. 535, «la incapacidad es de derecho estricto, en el sentido de que no puede suponerse por analogía, ni extenderse por motivo alguno». En este contexto, BARCIA LEHMANN: art. cit. («La capacidad extrapatrimonial...»), p. 4, resalta «que una parte importante de la dogmática civil haya comenzado a poner en duda el que la capacidad, sustentada en criterios netamente patrimoniales, sea la regla general».

[250] Por lo indicado DOMINICI: ob. cit. (*Comentarios al Código...*), t. II, p. 536, sostiene «la incapacidad de que se trata aquí es referente a los contratos, pues los menores que han llegado a la edad de 16 años o antes si fueren casados o viudos (…) pueden disponer de sus bienes por testamento; y en general los incapaces enumerados son capaces de las obligaciones, que proceden de hechos sin convención, como los cuasicontratos, delitos y cuasidelitos». La justificación de la actuación de los menores de edad en estos últimos actos, como el enriquecimiento sin causa (artículo 1184 del Código Civil) o en el hecho ilícito, se ubica según HUNG VAILLANT: ob. cit. (*Derecho Civil I*),

dicha limitación se observa que el contrato suscrito por un menor de edad no es radicalmente nulo, sino que puede ser «anulado» (artículo 1142.1).

Concretamente, dispone el Código que se admite acción de nulidad «Cuando el menor no emancipado ha ejecutado por su cuenta un acto, sin la intervención de su legítimo representante», es decir, para el caso de que actúe con capacidad «natural» aunque no «civil» exigida para suscribir contratos (artículo 1347.1). La acción la puede intentar el menor de edad o su representante, mas no la contraparte capaz al momento de su suscripción (artículo 1145), la misma prescribe a los cinco años de que el menor de edad alcanza la mayoridad (artículo 1346). En tal sentido, la pretendida incapacidad es discutible por cuanto el contrato puede cumplir sus efectos si el mismo no es impugnado[251].

En este contexto, se cuestiona que las reglas aludidas del Código, además de anacrónicas, son deficientes por cuanto la incapacidad contractual apuntada carece de excepciones básicas para los menores que suscriban contratos de

---

p. 274, en «que dichos casos no suponen un acto voluntario del menor, es decir, la obligatoriedad del acto no deriva de la voluntad del menor que queda obligado, sino directamente de la ley». Por su parte, MARÍN ECHEVERRÍA, Antonio Ramón: *Derecho Civil I personas*. McGraw-Hill Interamericana. Caracas, 1998, p. 144, añade un matiz pues lo que no se permite es que los menores de edad «contraigan obligaciones porque su objetivo es brindar protección jurídica a los incapaces (…) por lo que si los actos, convenios o contratos que celebran no lo son como partes, sino en nombre de otras personas capaces, entonces serán perfectamente eficaces y producirán los efectos deseados», tal es el caso del mandato (artículo 1690 del Código Civil).

[251] Refiere DOMINICI: ob. cit. (*Comentarios al Código…*), t. II, pp. 538 y 539, tal incapacidad contractual no «hace radicalmente nulo el acto celebrado, sino solamente anulable, a instancia de parte interesada y por declaratoria judicial, tanto que es prescriptible la acción que corresponde», en otras palabras «Son anulables los que por incapacidad de algunas de las partes (…) son imperfectos, pero tienen por lo demás existencia jurídica, mientras no se reclama legalmente contra los vicios existente. Has celebrado una venta con (…) un menor (…) la venta es válida en sí misma, tanto que solo el incapaz o sus representantes legítimos pueden reclamar contra ella» (ibíd., t. III, p. 95). DOMÍNGUEZ GUILLÉN: ob. cit. (*Ensayos sobre capacidad…*), p. 46, «Esa anulabilidad no se produce sino a instancia de la parte en cuyo favor se ha establecido la nulidad; de allí que ésta se califique como nulidad relativa. El contrato en principio produce sus efectos, solo que sobre el pesa la posibilidad de ser declarado nulo».

«poca entidad económica»[252] o para aquellos que sean cónsonos con la edad según los «usos sociales» y, sin embargo, consta en la realidad que tanto los niños como los adolescentes celebran a diarios estos acuerdos[253].

En efecto, ya desde 1931, cuando se preparaba el proyecto de Código Civil –que terminó aprobándose en 1942–, se reflexionaba sobre la conveniencia de las aludidas reglas, así J. B. BANCE, miembro de la Comisión Revisora de Códigos Nacionales expuso:

> ... la tendencia moderna en legislación procura ir concediendo por grados la capacidad al individuo, según su edad, atendiendo a que el individuo, desde los siete años aproximadamente, necesita ejecutar operaciones cónsonas con su edad y con las necesidades de proveerse lo indispensable. Es fácil de notar, en efecto, que no hay inconveniente alguno para que un niño de siete a 12 años pueda comprar un libro necesario para llevar a su escuela, celebrar el contrato de transporte

---

[252] Se alude generalmente a la exigua relevancia patrimonial en razón a que como indica CARBONNIER, Jean: *Ensayos sobre las leyes*. Civitas. Trad. L. DIEZ-PICAZO. Madrid, 1998, p. 101, «Quien solo es rico en esperanzas, por mucho que sea mayor –y en este punto entre 18 y 21 años no hay diferencia– solo obtendrá crédito llevando el aval de su padre o de su madre –banqueros dados por la naturaleza–. Justamente así, poco a poco, los jóvenes romanos enajenaron su libertad. Si a los 14 años el Derecho les había vestido con la toga y proclamado capaces, la vida se encargó deprisa de enseñarles que para tranquilizar a los terceros, debían ir acompañarlos de un curador. Siempre se puede decir que la curatela no era obligatoria, pero sin un curador nadie quería jugar al juego de los contratos con un menor de 25 años».

[253] Afirma PARRA CASTRO: ob. cit. (*Intervención del hijo...*), pp. 58 y 59, al examinar los artículos 18 y 1144 del Código Civil, que «La letra de estos preceptos (...) contradice la realidad, puesto que la capacidad contractual de hecho del menor es evidente en muchos ámbitos, en función a su edad, capacidad de discernimiento, y de la naturaleza y entidad del negocio jurídico celebrado (por ejemplo: compraventas habituales de cuantía relativa, contratos realizados por el menor para satisfacer sus necesidades en la vida cotidiana)». *Cfr.* GORDILLO CAÑAS: ob. cit. (*Capacidad, incapacidades...*), p. 214, «no obstante su incapacidad, debe señalarse ese conjunto de actos ordinarios y menores en los cuales el incapaz proyecta su esfera de actuaciones congrua, sin perjuicio, ni suyo ni ajeno, y sin contradicción de nadie. Creemos que mantener aquí otra cosa sería tanto como abocar el Derecho al terreno de lo irreal y de lo absurdo».

que va envuelto en la necesidad de llegar por tren, por tranvía u otro vehículo desde la escuela hasta su casa, y otros actos por el estilo; así como resulta extraño que un joven de 17 años de edad no pueda según nuestra Ley actual ejecutar válidamente operaciones idénticas, por falta de capacidad. No me arriesgo a proponer reformas en este sentido, sino que insinúo a la Comisión tales ideas por si las considera útiles y encontraren acogida suficiente para darle forma de preceptos[254].

Entonces, es evidente que el modelo del Código Civil se encuentra divorciado de la realidad y, por tanto, debe ser «atemperado» partiendo de que es principio del Derecho de la Infancia el facilitar el ejercicio progresivo de los derechos, beneficio que no se limita únicamente a las facultades que tengan carácter inmanente –como los derechos de la personalidad–, sino que se debe extender a derechos de marcado carácter económico. Solo así se podrá alcanzar el objetivo perseguido por la Constitución, la Convención sobre los Derechos del Niño y de la Ley Orgánica para la Protección de Niños, Niñas y Adolescentes, de promover la real y efectiva «incorporación a la ciudadanía activa» de todos los niños y adolescentes en aquellas áreas de su interés, las cuales pueden efectivamente tener algunas repercusiones económicas y específicamente contractuales, como lo pone en evidencia la especial capacidad para suscribir contratos de trabajo[255].

Por tanto, se advierte que las limitaciones de la capacidad de obrar deben ser racionales y justificadas, pues estamos ante restricciones que afectan la dignidad humana y por ello debe privilegiarse a la «persona», sobre la mera alegación de la seguridad jurídica o los escollos probatorios.

---

[254] Reproducido en: ob. cit. (*Código Civil de Venezuela artículos 1 al 18*), p. 637.
[255] Ciertamente, como indica Hung Vaillant: ob. cit. (*Derecho Civil I*), pp. 271 y 272, «Desde un punto de vista teórico general, la capacidad negocial de las personas debería depender del grado de madurez de entendimiento; es decir, de la conciencia que la persona tiene acerca de los actos jurídicos y de la importancia de los efectos de los actos jurídicos que ejecuta», empero concluye que el anterior modelo debe ceder ante la dificultad de medir la capacidad natural y «la seguridad y estabilidad de las relaciones jurídicas negociales».

Además, los cambios que se pretenden son más de enfoque que de resultados ya que, a tenor de las normas actuales del Código Civil, los contratos celebrados por un menor de edad hoy día son efectivos, pero anulables en razón de la edad. Por su parte, los que celebraría un adolescente con capacidad natural –según la fórmula que se pregona de reconocerles semicapacidad–, también serían en principio válidos, pero anulables; esto último si se demostrara que es contrario a su interés superior por generar un desequilibrio abusivo, según se compruebe que la contraparte obró con mala fe y por tanto de forma contraria a derecho, elementos que justificarían su posible revocación[256].

Por lo tanto, en la práctica, la estabilidad del contrato celebrado con un niño o adolescente no debe depender de la edad objetivamente considerada, sino de que la contraparte que celebró un contrato no se aproveche descaradamente de su posición creando una convención manifiestamente desfavorable y nociva que posteriormente motive la necesidad de solicitar su anulación[257].

---

[256] Este efecto es una consecuencia jurídica que ya se encuentra establecida para la hipótesis del incapaz natural por defecto mental, concretamente establece el Código Civil: «Artículo 405.- Los actos anteriores a la interdicción se podrán anular, si se probare de una manera evidente que la causa de la interdicción existía en el momento de la celebración de dichos actos, o siempre que la naturaleza del contrato, el grave perjuicio que resulte o pueda resultar de él al entredicho, o cualquier otra circunstancia, demuestren la mala fe de aquél que contrató con el entredicho». Entonces, *mutatis mutandis*, cuando un menor de edad con capacidad natural celebra un contrato este no sería anulable por ser menor de edad, sino cuando fuera «evidente» la afectación a su interés superior causándole un «grave perjuicio» que «demuestre la mala fe» de la contraparte. MESSINEO: ob. cit. (*Doctrina general...*), p. 84, al comentar la norma equivalente en el Código Civil italiano (artículo 428), indica: «La mala fe puede resultar de cualquier indicio, aun extraño al contrato impugnado, que tenga alguna importancia; pero la ley considera particularmente provistos de fuerza probatoria de la existencia de la mala fe, los indicios que consisten i. en el perjuicio derivado, o que pueda derivarse al sujeto incapaz, o ii. en la calidad del contrato». En cuanto a la ponderación del interes superior no es solo una aplicación genérica del artículo 8 de la Ley Orgánica para la Protección de Niños, Niñas y Adolescentes, sino que incluso ya el Código Civil lo había incorporado como elemento de análisis en el caso de nulidad de actos ejecutados en contradicción a las normas sobre tutela y emancipación (artículo 386).

[257] En palabras de MESSINEO: ob. cit. (*Doctrina general...*), pp. 85 y 86, «Prácticamente, todo esto significa que el contrato por el que el incapaz de actuar resulta beneficiado, casi nunca será impugnado por él».

En consecuencia, como se indicó en alusión al ordenamiento español, la regla –*de lege ferenda*– debe dirigirse al establecimiento de la capacidad natural como criterio estándar en materia de capacidad de ejercicio, que incluya los diversos ámbitos patrimoniales –contratos, otros negocios jurídicos o responsabilidad civil[258]– y extrapatrimoniales, ponderando que las excepciones que se pudieran establecer deberán ser expresas y justificadas en relación con el modelo de infancia que se promueve con el paradigma de la protección integral.

En lo que respecta a la capacidad por hecho ilícito, la regla tradicional coincide con la que promueve el modelo convencional, que es el discernimiento al momento de cometer la acción u incurrir en la omisión generadora de la responsabilidad, que en definitiva no es otra cosa que capacidad natural[259]. Concretamente, el Código Civil establece: «Artículo 1186.- El incapaz queda obligado por sus actos ilícitos, siempre que haya obrado con discernimiento»[260].

---

[258] Recuérdese que como apunta RAMOS CHAPARRO: ob. cit. (*La persona y su capacidad...*), p. 247, «también en el ámbito patrimonial se tiene en cuenta la evolución psicológica real de la persona –o de su facultad de autogobierno– a través del tiempo, y se registra la tendencia –menos marcada que en el Derecho de Familia– a hacer de la capacidad natural adecuada y suficiente la causa determinante de la eficacia jurídica del acto».

[259] Apunta, MÉLICH-ORSINI: ob. cit. (*Doctrina general...*), p. 71, «La capacidad natural se identifica pues con la aptitud de discernimiento».

[260] Añade el Código: «Artículo 1187.- En caso de daño causado por una persona privada de discernimiento, si la víctima no ha podido obtener reparación de quien la tiene bajo su cuidado, los jueces pueden, en consideración a la situación de las partes, condenar al autor del daño a una indemnización equitativa»; «artículo 1190.- El padre, la madre, y a falta de estos, el tutor son responsables del daño ocasionado por el hecho ilícito de los menores que habiten con ellos. Los preceptores y artesanos son responsables del daño ocasionado por el hecho ilícito de sus alumnos y aprendices, mientras permanezcan bajo su vigilancia. La responsabilidad de estas personas no tiene efecto cuando ellas prueban que no han podido impedir el hecho que ha dado origen a esa responsabilidad; pero ella subsiste aun cuando el autor del acto sea irresponsable por la falta de discernimiento». *Vid.* Observación General N° 10, sobre los derechos del niño, en la que se indica que: «La responsabilidad civil por los daños derivados del acto de un niño puede ser apropiada en algunos casos limitados, en particular cuando se trate de niños de corta edad –que tengan menos de 16 años–. Sin embargo, la criminalización de los padres de niños que tienen conflictos con la justicia muy probablemente no contribuirá a una participación activa de los mismos en la reintegración social de su hijo» (párrafo 55).

4.2.4. Capacidad de obrar extrapatrimonial del niño y del adolescente

En otra oportunidad se comentó que en el ordenamiento jurídico venezolano, de mantenerse la vigencia de las normas del Código Civil y las de la Ley Orgánica para la Protección de Niños, Niñas y Adolescentes, se demanda distinguir entre las reglas que operan en materia patrimonial –fundamentalmente para los contratos– de las otras relaciones jurídicas donde su objeto no tiene carácter económico y que se podría denominar «extrapatrimonial» o «personales»[261].

Así, para la materia patrimonial-contractual, según el Código Civil –y hasta que no ocurra la reforma aludida *supra*–, operaria en principio un modelo fundamentado en la edad para determinar la capacidad –criterio «objetivo», mitigando la regla contractual cuando se esté ante acuerdos de poca relevancia económica o admitidos por la práctica social, pues, en definitiva, todos los contratos deberían regirse por la buena fe, la equidad y el uso (artículo 1160 del Código)[262]–; para los demás asuntos correspondería aplicar el criterio de la capacidad progresiva fundado en la realidad, salvo que existan reglas especiales que sean cónsonas con el sistema de protección integral de los niños y adolescentes[263], pues si son contrarias al modelo de protección de la infancia, deben reinterpretarse según los principios jurídicos que tal modelo promueve.

---

[261] *Vid.* VARELA CÁCERES: art. cit. («La designación de defensores...»), p. 490.

[262] Como lo señala DE CASTRO Y BRAVO, los principios del Derecho de la persona prima sobre la consideración otorgada a la seguridad del tráfico, parafraseado en GORDILLO CAÑAS: ob. cit. (*Capacidad, incapacidades...*), p. 165.

[263] Entre los supuestos concretos donde el legislador reconoce en el menor de edad capacidad de ejercicio, a través de normas especiales se tienen: derechos relacionados con la salud sexual, reproductiva, laborales y modificación del nombre propio a partir de los 14 años (artículos 50 y 100 de la Ley Orgánica para la Protección de Niños, Niñas y Adolescentes y 146 de la Ley Orgánica de Registro Civil); derechos relacionados con el matrimonio, capitulaciones, unión estable de hecho y otorgamiento de testamento (artículos 46 –TSJ/SC, sent. N° 1353, citada *supra*– y 146 del Código Civil; artículo 121 de la Ley Orgánica de Registro Civil y artículo 837 del Código Civil, respectivamente), derechos de autor (artículos 31 y 32 de la Ley sobre el Derecho de Autor, *Gaceta Oficial de la República de Venezuela* N° 4638 extraordinario, del 01-10-93, la primera disposición

Lo aludido, en el ordenamiento venezolano, es relevante por cuanto actualmente no cuenta con reglas jurídicas concretas que desarrollen los derechos de la personalidad y por ello algunos autores que siguen posiciones tradicionales han pretendido extender las reglas contractuales a estas esferas de relaciones que son sustancialmente disimiles, cuando más bien lo que corresponde es suprimir la restricciones de edad para contratar y extender la capacidad natural a este sector con las particularidades que antes se indicaron.

En síntesis, se puede afirmar que en todas aquellas materias distintas al derecho de los contratos –con las salvedades realizadas *supra*– la regla básica es la capacidad natural, lo que se extiende uniformemente a todos los derechos de carácter extrapatrimoniales –incluyendo los de la personalidad[264]–, salvo que existan normas expresas que fijen otros criterios y siempre que estos últimos sean justificado, pues en su defecto los principios del Derecho de la Niñez y de la Adolescencia aludidos previamente se impondría sobre dichas excepciones.

4.2.5. *Capacidad procesal del niño y del adolescente*

Los tipos de capacidad en los epígrafes anteriores corresponden a la capacidad de obrar desde su perspectiva material o sustantiva. En cuanto a la denominada

---

se refiere a la capacidad sustantiva y la otra a la capacidad procesal, en ambos casos con asistencia), a partir de los 16 años; responsabilidad de crianza sobre los hijos desde que se detente la función parental y el establecimiento de la filiación sobre los hijos para la madre desde el nacimiento del neonato (el vínculo filial viene determinado por el principio *mater semper certa est* regulado en el artículo 197 del Código Civil y artículo 17 de la Ley Orgánica para la Protección de Niños, Niñas y Adolescentes), y para el padre desde que cumple los 14 años y con menos de esa edad previa autorización (artículos 263 del Código Civil y 90 de la Ley Orgánica de Registro Civil); constituir y participar en asociaciones –civiles, mercantiles u organizaciones sindicales–, consentir la adopción propia a partir de los 12 años (artículos 84, 101, 414 y 500 de la Ley Orgánica para la Protección de Niños, Niñas y Adolescentes).

[264] *Cfr.* Barcia Lehmann: art. cit. («La capacidad extrapatrimonial...»), p. 43, para quien «La Convención sobre los Derechos del Niño evidencia la relación entre edad y madurez, lo que unido al ejercicio de ciertos derechos fundamentales de la niñez, nos llevan necesariamente a la conclusión de que los niños y adolescentes tienen un rango importante de autonomía, en el ejercicio de sus derechos fundamentales».

capacidad «procesal» o «adjetiva» de los menores de edad, la Ley Orgánica para la Protección de Niños, Niñas y Adolescentes realiza algunas precisiones que conviene explicar.

Lo primero que debe ser puntualizado es que una cosa es participar en el proceso por ser titular del derecho sustantivo –parte– o verse afectado de la decisión –tercero– y otra distinta es actuar con capacidad procesal, pues esta última se refiere a un concepto técnico jurídico que implica la posibilidad de que se puedan generar efectos jurídicos dentro del proceso a través de la intervención personal.

En otras palabras, un sujeto –en nuestro caso niño o adolescente– puede interactuar dentro del proceso sin que ello implique necesariamente capacidad procesal, por ejemplo: en el ejercicio al derecho fundamental de petición, puede iniciar e intervenir en procedimientos administrativos ante consejos de protección o defensorías del niño y del adolescente, participar en procedimientos de conciliación familiar o exigir el cumplimiento de los acuerdos que lo afecten a cualquier edad[265]. También, según la Ley Orgánica para la Protección de Niños, Niñas y Adolescentes, tiene derecho a acceder a la tutela judicial efectiva, con especial énfasis a partir de los 12 años:

> Artículo 87.- Derecho a la justicia. Todos los niños, niñas y adolescentes tienen derecho de acudir ante un tribunal competente, independiente e imparcial, para la defensa de sus derechos e intereses y a que éste decida sobre su petición dentro de los lapsos legales. Todos los y las adolescentes tienen plena capacidad de ejercer directa y personalmente este derecho. Para el ejercicio de este derecho, el Estado garantiza asistencia y representación jurídica gratuita a los niños, niñas y adolescentes que carezcan de medios económicos suficientes[266].

---

[265] *Vid.* artículos 85, 291 de la Ley Orgánica para la Protección de Niños, Niñas y Adolescentes y 6 de la Ley sobre Procedimientos Especiales en Materia de Protección Familiar de Niños, Niñas y Adolescentes (*Gaceta Oficial de la República Bolivariana de Venezuela* N° 39570, del 09-12-10).

[266] *Vid.* en la Ley Orgánica para la Protección de Niños, Niñas y Adolescentes varios supuestos específicos donde el adolescente está legitimado para intentar acciones

Sobre este último supuesto, la Ley determina que el adolescente[267] puede interponer la demanda, ya que lo autoriza para «acudir» directamente al tribunal; sin embargo, posterior a la activación del aparato judicial, deberá el juez proceder a examinar si el referido adolescente cuenta con capacidad procesal para continuar con el proceso y ejercer la defensa material o, en su defecto, deberá remediar la incapacidad procesal evidenciada llamando al representante legal o designándole uno especial[268].

---

judiciales, como por ejemplo: las relacionadas con las discrepancias en el ejercicio de patria potestad o responsabilidad de crianza o revisión y modificación de esta (artículos 349, 359 y 361), la fijación de la obligación de manutención o del régimen de convivencia familiar (artículos 376 y 387), solicitar la revocatoria de la colocación (artículo 405), solicitud de nulidad de adopción (artículo 509). En el caso de privación de patria potestad por la gravedad de la pretensión se establece que el adolescente puede denunciar ante el Ministerio Público para que este intente la acción (artículo 353). Véase: TSJ/SCS, sent. N° 257, del 16-03-04, mediante la cual se resuelve un recurso de interpretacion del artículo 87 de la Ley Orgánica, y TSJ/SC, sent. N° 2856, del 09-12-04, mediante el cual se reconoce el derecho de una niña de nueve años a interponer un amparo constitucional.

[267] DOMÍNGUEZ GUILLÉN, María Candelaria: «Más sobre la capacidad procesal del menor (a propósito del artículo 451 de la Ley Orgánica para la Protección de Niños, Niñas y Adolescentes)». En: *Revista de Derecho*. N° 29. TSJ. Caracas, 2009, p. 105, recuerda acertadamente que incluso un niño tiene derecho a acceder directamente a la justicia, en razón que «el sentido de la ley es garantizar el derecho de acceso a la jurisdicción tanto al niño como al adolescente», por tanto «el juez está obligado a considerar la petición del menor al margen de su edad y de su capacidad procesal». Por su parte, el Tribunal Constitucional español, sala primera, sent. N° 184, del 22-12-08, ha indicado «al conceder el artículo 24.1 de la Constitucion el derecho a la tutela judicial efectiva a todas las personas que son titulares de derechos e intereses legítimos, está imponiendo a los órganos judiciales la obligación de interpretar con amplitud las fórmulas que las leyes procesales utilicen al atribuir legitimación activa para acceder a los procesos judiciales, resultando censurables aquellas apreciaciones judiciales de falta de legitimación que carezcan de base legal o supongan una interpretación arbitraria, irrazonable o excesivamente restrictiva de la disposición legal aplicable al caso contraria a la efectividad del derecho fundamental».

[268] Este punto lo quiso resolver la Ley Orgánica para la Protección de Niños, Niñas y Adolescentes de 1998 en sus artículos 456 y 457, sin embargo dichas normas ostentaban fallas conceptuales: «Tratándose de niños o adolescentes, la demanda puede plantearse oralmente ante el tribunal y se levantará un acta que la contenga» y «En defecto de representante legal, o cuando exista interés contrapuesto entre el niño

En síntesis, se observa que el adolescente –y con mayor razón el niño– no se encuentra habilitado para actuar directamente durante todo el proceso por el hecho de intentar la acción[269], sino que ello va a depender de si efectivamente tiene capacidad procesal según las reglas que la determinan.

Algunos autores han creído que del transcrito artículo 87 de la Ley Orgánica para la Protección de Niños, Niñas y Adolescentes se permite deducir una capacidad procesal plena en el adolescente[270]. Así, es claro que todos los

---

o adolescente y quienes ejercen su representación, el juez le designará, en el mismo acto, un representante judicial para que le brinde asistencia técnica y continúe el proceso». Como se observa allí, el legislador confundió los conceptos ya que lo que procedía si carecía de capacidad procesal era la designación de un curador especial que brinde defensa material y subsane la incapacidad evidenciada y este último, a su vez, podría requerir un defensor público que brinde asistencia técnica, si no es abogado o no designa uno de su confianza. En todo caso, recuérdese que el Código de Procedimiento Civil en los artículos 137 y 143 resuelve el asunto: «Las personas que no tengan el libre ejercicio de sus derechos, deberán ser representadas o asistidas en juicio, según las leyes que regulen su estado o capacidad»; «A falta de la persona a la cual corresponde la representación, o si ésta tiene interés opuesto (…) puede nombrarse al incapaz un curador especial que lo represente». Véase: voto concurrente de la magistrada Carmen Zuleta de Merchán (TSJ/SC, sent. N° 2856, citada *supra*) que refiere que el «juez *ab initio* y de oficio debió proveer a la niña accionante de representación procesal ya que de lo contrario, pudiera alterarse el sistema de garantías en esa jurisdicción especial». Conviene añadir que en el caso del ordenamiento español se ha instituido para estos casos donde el menor de edad no posea representante para el momento o exista conflicto de interés el nombramiento de un «defensor judicial» (artículos 299 y ss. del Código Civil español). *Vid.* FLORENSA I TOMÀS, Carles Enric: *El defensor judicial*. Civitas. Madrid, 1992, *passim*.

[269] Como apunta DOMÍNGUEZ GUILLÉN: («Más sobre la capacidad…»), pp. 100, 101, 122 y 123, «los artículos 85, 86, 87 de la Ley Orgánica para la Protección de Niños, Niñas y Adolescentes que aludían al 'derecho de petición', al 'derecho a defender sus derechos' y al 'derecho a la justicia', respectivamente, no se traducían en modo alguno en una concesión de 'capacidad procesal' al niño y adolescente», en palabras llanas, «no toda actuación procesal del menor equivale a 'capacidad procesal'».

[270] HUNG VAILLANT: art. cit. («Notas sobre la capacidad…»), p. 354, afirmaba antes de la reforma de la Ley Orgánica del 2007: «en su concepción actual, parece evidente que el contenido de los artículo 86, 87 y 353 de la Ley Orgánica para la Protección del Niño y del Adolescente comporta una modificación de la capacidad procesal de niños

niños y adolescentes tienen derecho a la tutela judicial efectiva, pero no solo en razón de la norma reproducida, sino porque así lo dispone el texto constitucional (artículo 26). Por tanto, el legislador ha dejado claro que tanto el niño como el adolescente pueden acudir al tribunal a intentar la pretensión personalmente. Pero ello no implica necesariamente que puedan continuar en el eventual proceso «solo» junto a su abogado porque ello dependerá en definitiva de la capacidad procesal, siendo que la Ley Orgánica para la Protección de Niños, Niñas y Adolescentes, indica:

> Artículo 451.- Capacidad procesal de adolescentes. Los y las adolescentes tienen plena capacidad en todos los procesos para ejercer las acciones dirigidas a la defensa de aquellos derechos e intereses en los cuales la ley les reconoce capacidad de ejercicio, en consecuencia, pueden realizar de forma personal y directa actos procesales válidos, incluyendo el otorgamiento del mandato para su representación judicial. En aquellos procesos iniciados por los y las adolescentes, sus padres, madres, representantes o responsables pueden intervenir como terceros interesados.

Entonces, si la capacidad procesal depende de la capacidad material y esta última se determina según se posea capacidad natural, es fácil comprender que los niños y adolescentes podrán intervenir directamente en aquellos procesos en los cuales, además de ser partes, posean capacidad evolutiva la cual vendría determinado la procesal. Por tanto, solo pueden estar en juicio los niños y adolescentes que detenta capacidad natural.

De las normas comentadas se visualiza una distinción entre el derecho a activar el aparato judicial –el cual posee todo sujeto y puede ser ejercido «directamente» con independencia de la edad, aunque el legislador por su desarrollo considera más probable que los adolescentes lo ejerzan «directa

---

y adolescentes (…) lo cierto del caso es que nuestro niños y adolescentes poseen en la actualidad capacidad procesal y que tal capacidad la pueden ejercer en forma personal y directa, sin representación ni asistencia de personas mayores de edad».

y personalmente»[271]– y, por otro, el derecho de defenderse materialmente en juicio por tener capacidad natural y, por tanto, procesal –en concreto–, para el referido proceso.

Hasta ahora, lo dicho concuerda con la doctrina más autorizada que postula dos ideas medulares sobre el tema examinado: i. El artículo 87 de la Ley Orgánica para la Protección de Niños, Niñas y Adolescentes se refiere al ejercicio al derecho fundamental al acceso a la justicia que puede ser activado por cualquier persona con independencia de su edad y no a la capacidad procesal; ii. la capacidad procesal es un reflejo de la capacidad sustantiva, lo que implica que en aquellos supuestos donde al menor de edad –principalmente el adolescente– se le reconozca capacidad sustantiva tendrá igualmente capacidad procesal.

Pondérese que, adicionalmente, la Ley Orgánica para la Protección de Niños, Niñas y Adolescentes regula expresamente el derecho de los niños y adolescentes «a defender sus derechos por sí mismos» (artículo 85), el cual es una clara expresión de la importancia de la autodefensa para el correcto desarrollo de los menores de edad y su incorporación a la ciudadanía activa, así como para la protección de las facultades básicas garantizadas a los niños y adolescentes por el sistema de protección.

Por lo expuesto, MARTÍNEZ RIVIELLO comenta: «cuando la persona es incapaz desde el punto de vista del Derecho Civil también lo será en el campo del Derecho Procesal. En consecuencia, estos incapaces para intervenir en el proceso como actores o demandados, deben actuar o deben estar en juicio a través

---

[271] Para facilitar su ejercicio la Ley Orgánica para la Protección de Niños, Niñas y Adolescentes dispone: «La demanda puede ser presentada en forma oral o escrita, con o sin la asistencia de abogado...» (artículo 456). Esta posibilidad también se contempla en el caso del «juicio breve» del Código de Procedimiento Civil (artículo 882) y para la acción de amparo regulada en el artículo 41 de la Ley Orgánica de Amparo sobre Derechos y Garantías Constitucionales, *Gaceta Oficial de la República de Venezuela* N° 34060, del 27-09-88.

de sus representantes legales»[272]. Por tanto, los niños o adolescente que posean capacidad natural reconocida como capacidad de obrar del derecho material podrán actuar en el proceso por detentar simultáneamente capacidad procesal[273].

4.2.6. Capacidad natural del niño y del adolescente y los regímenes de protección

El fijar como regla general la capacidad natural para determinar el ejercicio directo de los derechos por parte de los niños y adolescentes no afecta sustancialmente las normas sobre los regímenes de representación de los menores de edad, ya que lo que en realidad se demanda es un cambio de enfoque sobre el verdadero rol de los progenitores, tutores, responsables o guardadores.

En efecto, los responsables legales no pueden continuar ignorando la presencia de madurez –en muchos supuestos– en sus representados y por ello deben coadyuvar para que la participación de los niños y adolescente sea efectiva en las relaciones que les afecten[274].

---

[272] MARTÍNEZ RIVIELLO, Fernando: *Las partes y los terceros en la teoría general del proceso*. UCV. Caracas, 2006, p. 31. En palabras de AGUILAR CAMERO, Ramón Alfredo: *Estudio sobre la proponibilidad de la cuestión de falta de cualidad*. FUNEDA. Caracas, 2013, p. 28, «los incapaces (…) requieren de una doble representación o asistencia en juicio, en primer lugar la representación de las personas llamadas por la ley para que actúen en su nombre y defiendan o representen sus derechos e intereses –representantes legales–, quienes a su vez, deben hacerse asistir o representar profesionalmente por un abogado –representantes judiciales–».

[273] Al respecto señala AGUILAR CAMERO: ob. cit. (*Estudio sobre la proponibilidad…*), p. 24, «Excepcionalmente, la ley reconoce capacidad procesal a los menores de edad, quienes por si solo y sin requerir autorización, representación paterna o asistencia de un tutor o curador, pueden actuar por si mismos en aquellos procesos o causas que versen sobre asuntos para los cuales la ley les reconozca capacidad de ejercicio, como ocurre por ejemplo en materia de contratos de trabajos o reclamaciones laborales».

[274] En palabras de la Observación General N° 14, «El Comité ya ha determinado que cuantas más cosas sepa, haya experimentado y comprenda el niño, más deben los padres, tutores u otras personas legalmente responsables del niño transformar la dirección y orientación en recordatorios y consejos y, más adelante, en un intercambio en pie de igualdad» (párrafo 44). También, la Observación General N° 20 apunta en dicho sentido (párrafo 18).

Ciertamente, las normas que se refieren a la capacidad evolutiva (artículo 13 de la Ley Orgánica para la Protección de Niños, Niñas y Adolescentes, en concordancia con el artículo 5 de la Convención sobre los Derechos del Niño), destacan el deber de los representantes legales –padres, tutores, curadores o guardadores– de orientar a los niños y adolescentes en el ejercicio directo de sus derechos y en el cumplimiento de sus deberes, no imponiendo sus pareceres por el simple hecho de ser adultos, sino invitando a recurrir al diálogo fundado en el respeto recíproco[275], con la intención de que los representados comprendan sus razones y las sopesen según su grado de madurez[276].

Por ello, debe tenerse en cuenta que la capacidad de ejercicio del menor de edad, como no es «plena», sino «limitada» de acuerdo a que en el referido asunto se posea capacidad natural, no puede originar una extinción del régimen de representación que protege al niño o adolescente[277] y lo que ocasiona

---

[275] *Cfr.* artículo 75 de la Constitución de la República Bolivariana de Venezuela y artículo 5 de la Ley Orgánica para la Protección de Niños, Niñas y Adolescentes.

[276] Como lo recuerda VAAMONDE: ob. cit. (*La capacidad procesal...*), p. 57, «la noción de capacidad progresiva de los niños, niñas y adolescentes, implica el desempeño de un rol fundamental por parte de los padres y demás miembros de la familia ampliada, correspondiéndoles el ejercicio de una doble función, orientadora y permisiva». *Cfr.* la Observación General N° 13, «Es necesario adoptar un nuevo paradigma y alejarse de los enfoques de la protección del niño que perciben y tratan a los niños como 'objetos' que necesitan asistencia y no como personas titulares de derechos, entre ellos el derecho inalienable a la protección. Un enfoque basado en los derechos del niño da mayor efectividad a los derechos que la Convención reconoce a todos los niños, reforzando la capacidad de los responsables de cumplir sus obligaciones de respetar, proteger y hacer efectivos esos derechos (artículo 4) y la capacidad de los titulares de derechos de reivindicarlos, guiados en todo momento por el derecho a la no discriminación (artículo 2), la consideración del interés superior del niño (artículo 3.1), el derecho a la vida, la supervivencia y el desarrollo (artículo 6) y el respeto de las opiniones del niño (artículo 12). Asimismo, los niños tienen derecho a ser orientados y guiados en el ejercicio de sus derechos por sus cuidadores, sus padres y los miembros de la comunidad, de modo acorde con la evolución de sus facultades (artículo 5)» (párrafo 59).

[277] Por lo indicado, HART *et alter* comentan: «a medida que se desarrolla la capacidad del niño de ejercer sus derechos por cuenta propia, disminuye el derecho de los padres a tomar decisiones por él. Sin embargo, este cambio no equivale a transferir las

es que los representantes deban seguir interviniendo de forma subsidiaria o según se les reconozca legitimación o como terceros interesados en el campo procesal[278]. Ello es así en razón que este modelo es muy dinámico y por tanto pueden existir ámbitos donde, por ejemplo, el adolescente puede actuar en razón a su madurez, edad e interés superior y habrán otros casos donde se carece de la misma y deberá actuar el representante, previa ponderación de la opinión del infante. En definitiva, sobre lo dicho, son ilustrativas las savias palabras de MENDIZÁBAL OSES:

> Los niños, los adolescentes y los jóvenes para poder incorporarse en forma armónica a la vida social y, en su día poseer la maduración y el criterio que la creciente complejidad de la vida moderna exige, deben afrontar por sí mismo las adversidades o las dificultades que cotidianamente se les presenten. Claro está, que en tales supuestos, el adulto ha de comprender, orientar y prestar su cooperación dentro de unos límites prudenciales. Y esta función, que ha de ser realizada de forma desinteresada, es la única ayuda que precisa el menor de edad...[279].

---

responsabilidades de un adulto, en cuento a la proteccion de los niños, a los niños mismos. El derecho a participar en la toma de decisiones no es un sinónimo de la participación en la vida adulta y en toda las responsabilidades que ella conlleva», citado en CUEVAS: art. cit. («Derecho a la participación...»), p. 28. Cfr. Observación General N° 13, de pasada indica: «considera que, sin dejar de respetar la evolución de las facultades del niño y su autonomía progresiva, todo ser humano menor de 18 años se encuentra, o debe encontrarse, 'bajo la custodia' de alguien. Los niños solo pueden estar en tres situaciones: emancipados, bajo la custodia de sus cuidadores principales o circunstanciales o, *de facto*, a cargo del Estado» (párrafo 33). Igualmente, la Observación General N° 15, en materia sanitaria dispone: «Los padres deben cumplir sus responsabilidades actuando siempre en el interés superior del niño, de ser preciso con apoyo del Estado. Teniendo en cuenta la capacidad en desarrollo del niño, los padres y cuidadores deben cuidar y proteger al niño y ayudarlo a crecer y desarrollarse de manera saludable» (párrafo 78).

[278] La Observación General N° 20 lo reitera en materia de libertad de religión «es el niño el que ejerce el derecho a la libertad de religión, no los padres, y la función parental necesariamente ha de disminuir al tiempo que el niño adquiere durante la adolescencia un papel cada vez más activo en el ejercicio de su capacidad electiva» (párrafo 43).

[279] MENDIZÁBAL OSES: ob. cit. (*Introducción al Derecho...*), p. 40.

Ciertamente, la tesis de la capacidad natural abona a favor de que los niños y los adolescentes asuman con propiedad los retos que la dinámica social les impone día a día y los responsables deben estar prestos a coadyuvar en que aquellos puedan ir actuando sus facultades y cumpliendo con sus deberes en el ejercicio directo de su ciudadanía.

Conclusiones

Como corolario podemos puntualizar lo siguiente:

i. Se ha comprobado que a partir de la Convención sobre los Derechos del Niño se instauró con firmeza un nuevo modelo de conceptualizar la capacidad de obrar de los niños y adolescentes, denominado «modelo convencional», el cual parte de ponderar la capacidad natural como criterio subjetivo que debe evaluase en cada caso en particular, para así precisar si el sujeto de derecho posee la madurez necesaria para ejercitar directamente la facultad o la obligación objeto de examen.

ii. La capacidad natural como modelo de determinación de la capacidad de ejercicio es el que mejor desarrolla los principios y reglas jurídicas que fundamentan el paradigma de la protección integral, así es un reflejo del principio del interés superior del niño, del derecho a ser oído en todos los asuntos que lo involucran, del ejercicio directo de los derechos a la participación y a la ciudadanía activa. Lo que implica que sin su debido reconocimiento los principios y facultades aludidas se verían seriamente comprometidas en la práctica.

iii. El Derecho español ha dado pasos importantes –tanto en el campo legislativo, jurisprudencial y doctrinario– en camino al reconocimiento del modelo convencional y, por ello, su reconocimiento es casi unánime. Sin embargo, todavía se mantienen algunas posiciones tradicionales en materia contractual que se encuentran divorciadas del nuevo paradigma de la protección integral que postula la capacidad natural en todos los ámbitos.

iv. El ordenamiento venezolano, aunque suscribió el texto de la Convención sobre los Derechos del Niño y lo incorporó a su Derecho interno, reconociendo expresamente la capacidad evolutiva de los niños y adolescentes, la consolidación del nuevo modelo de capacidad natural se encuentra torpedeado por cuanto no ha recibido un correcto desarrollo legislativo, jurisprudencia y doctrinal, observándose mayoritariamente una posición tradicional en cuanto a la capacidad de obrar del menor de edad. Empero, dicho enfoque es claramente contrario a los postulados que se desprenden de la Convención y, por ello, demandan una hermenéutica acorde con el texto internacional que se dirija a apuntalar a la capacidad natural como el modelo de capacidad de ejercicio para los niños y adolescentes.

v. Finalmente, en materia contractual, debe también incorporarse –de *lege ferenda*–, como regla general la capacidad natural de los niños y adolescentes. En efecto, si bien existen fórmulas como la del Código Civil español donde se ha atemperado el modelo objetivo, para asuntos de poca entidad económica o aquellos propios de los usos sociales, o sistemas como el venezolano donde no se indica excepción alguna, la realidad es que en la práctica el postular un modelo de capacidad de ejercicio según el nivel de desarrollo evolutivo del menor de edad solo cambia el enfoque –cosa que es importante a los fines de consolidar la ciudadanía activa de los infantes– por cuanto se mantendrán las consecuencias jurídicas de lo que ocurre hoy en día para el caso de que un adolescente suscriba un contrato, pues los efectos estarían supeditados a una acción de nulidad, en el modelo tradicional según la edad y en el convencional de acuerdo a si el negocio jurídico resultó perjudicial y contrario al interés superior del niño.

Bibliografía

AGUADO, Arturo *et alter*: *Introducción a la nueva Ley de Enjuiciamiento Civil*. J. M. Bosch. Barcelona, 2001.

AGUILAR CAMERO, Ramón Alfredo: *Estudio sobre la proponibilidad de la cuestión de falta de cualidad*. FUNEDA. Caracas, 2013.

AGUILAR GORRONDONA, José Luis: *Derecho Civil I (personas)*. 13ª, UCAB. Caracas, 1997.

———: *Bases jurídicas de los regímenes aplicables a las personas de edades avanzadas –ensayo de búsqueda–*. Editorial Arte. Caracas, 1981.

BARCIA LEHMANN, Rodrigo: «La capacidad extrapatrimonial de los niños y adolescentes conforme a sus condiciones de madurez». En: *Ius et Praxis*. Vol. 19, N° 2. Universidad de Talca. Talca, 2013.

BARRIOS DE ÁNGELIS, Dante: *Teoría del proceso*. Ediciones Depalma. Buenos Aires, 1979.

BASATTA, Alessandro: «La situación de protección del niño en América Latina». En: *Derechos del niño. Textos básicos*. UNICEF. Caracas, 1996.

BELANDRIA GARCÍA, José Rafael: *El derecho de petición en España y en Venezuela*. FUNEDA. Caracas, 2013.

BIDART CAMPOS, Germán J.: *La interpretación del sistema de derechos humanos*. EDIAR. Buenos Aires, 1994.

BINSTOCK, Hanna: *La emancipación en el Derecho venezolano*. UCV. Caracas, 1971.

BLASCO IGUAL, María Clara: «El consentimiento informado del menor de edad en materia sanitaria». En: *Revista de Bioética y Derecho*. N° 35. UB. Barcelona, 2015.

BONNECASE, Julien: *Tratado elemental de Derecho Civil*. Editorial Pedagógica Iberoamericana. Trad. Enrique FIGUEROA. México D. F., 1995.

CAPRILES, Ruth *et alter*: «Análisis del Anteproyecto de Ley Orgánica de Protección a la Niñez y Adolescencia». En: *De los menores a los niños una larga trayectoria*. UCV. Caracas, 1999.

CARBONNIER, Jean: *Ensayos sobre las leyes*. Civitas. Trad. L. DIEZ-PICAZO. Madrid, 1998.

CASTILLO, Yumildre: «Capacidad jurídica procesal de los niños, niñas y adolescentes. Especial referencia a la prueba de testigos». En: *Cuarto año de vigencia de la Ley Orgánica para la Protección del Niño y del Adolescente. V Jornadas sobre la LOPNA*. UCAB. Cristóbal CORNIELES y María G. MORAIS, coords. Caracas, 2004.

CHIOSSONE, Tulio: *Manual de Derecho Penal venezolano*. UCV. Caracas, 1972.

Codice Civile del Regno D'Italia del 1865. Editori Fratelli Bocca. Torino, 1922.

Código de legislación procesal. BOE. Madrid, 2017.

Código Civil y legislación complementaria. BOE. Madrid, 2017.

Código Civil y Comercial de la Nación. Infojus. Buenos Aires, 2014.

Código Civil. 2ª, Ariel. Luis PUIG FERRIOL, director. Barcelona, 2001.

Código Napoleón. Imprenta de la Hija de Ibarra. Madrid, 1809.

Código Civil de Venezuela artículos 1 al 18. UCV. Leonardo CERTAD *et alter*, relatores. Caracas, 1969.

CORNIELES, Cristóbal: «Los principio de la doctrina de la protección integral y las disposiciones directivas de la Ley Orgánica para la Protección del Niño y del Adolescente». En: *Introducción a la Ley Orgánica para la Protección del Niño y del Adolescente*. UCAB. Maria G. MORAIS, coord. Caracas, 2000.

_____: «Los derechos y deberes de los niños, niñas y adolescentes en la Constitución de la República Bolivariana de Venezuela: Una aproximación general». En: *Primer año de vigencia de la Ley Orgánica para la Protección del Niño y del Adolescente. II Jornadas sobre la LOPNA*. UCAB. Cristóbal CORNIELES, coord. Caracas, 2001.

CUEVAS, María Gabriela: «Derecho a la participación del niño y del adolescente». En: *Cuarto año de vigencia de la Ley Orgánica para la Protección del Niño y del Adolescente. V Jornadas sobre la LOPNA*. UCAB. Cristóbal CORNIELES y María G. MORAIS, coords. Caracas, 2004.

DE CASTRO Y BRAVO, Federico: *Derecho Civil de España*. Tomo II. Instituto de Estudios Políticos. Madrid, 1952.

DE COSSÍO CORRAL, Alfonso: *Instituciones de Derecho Civil*. Tomo I. Editorial Alianza Universidad. Madrid, 1975.

DE FREITAS DE GOUVEIA, Edilia: «La noción de capacidad en la doctrina jurídica venezolana». En: *Estudios de Derecho Civil. Libro homenaje a José Luis Aguilar Gorrondona*. Vol. I. TSJ. Fernando PARRA ARANGUREN, editor. Caracas, 2002.

DE LA IGLESIA MONJE, María Isabel: «El consentimiento de ambos progenitores, la publicación de fotos en las redes sociales y el supremo interés del menor». En: *Revista Crítica de Derecho Inmobiliario*. N° 752. Madrid, 2015.

_____: «Nueva visión del libre desarrollo de la personalidad del menor: su capacidad de decisión sobre su futuro profesional». En: *Revista Crítica de Derecho Inmobiliario*. N° 737. Madrid, 2013.

DE VERDA Y BEAMONTE, José Ramón: «El consentimiento de los menores e incapacitados a las intromisiones de los derechos de la personalidad». En: *Actualidad Jurídica Iberoamericana*. N° 1. Valencia, 2014.

DEL MAZO, Carlos Gabriel: «Capacidad y autonomía de la voluntad de las niñas, niños y adolescentes su intervención en los términos de la Ley 26529». En: http://derecho.sociales.uba.ar/files/2014/03/bibliografia-complementaria-resumen-art.-del-mazo-capacidad-progresiva-de-los-nna.pdf.

DEL VAS GONZÁLEZ, Juana María: «Estatuto jurídico del menor en el Derecho Civil italiano». En: *Revista Crítica de Derecho Inmobiliario*. N° 715. Madrid, 2009.

DÍEZ-PICAZO, Luis y GULLÓN, Antonio: *Instituciones de Derecho Civil*. Vol. I.1. 2ª, Tecnos. Madrid, 1998.

DOMÍNGUEZ GUILLÉN, María Candelaria: *Manual de Derecho Civil I (personas)*. Ediciones Paredes. Caracas, 2011.

_____ : *Ensayos sobre capacidad y otros temas de Derecho Civil*. 3ª, TSJ. Caracas, 2010.

_____ : «Minoridad y mayoridad: consideraciones conceptuales». En: *Revista de Derecho*. N° 33. TSJ. Caracas, 2010.

_____ : «Más sobre la capacidad procesal del menor (a propósito del artículo 451 de la Ley Orgánica para la Protección de Niños, Niñas y Adolescentes)». En: *Revista de Derecho*. N° 29. TSJ. Caracas, 2009.

DOMÍNGUEZ GUILLÉN, María Candelaria y VARELA CÁCERES, Edison Lucio: «Los jóvenes adultos y el Derecho de la Niñez y de la Adolescencia: contraste entre España y Venezuela». En: *Estudio sistemático de la Ley de Protección de la Infancia y la Adolescencia*. Dykinson. F. LLEDÓ YAGÜE, M. PILAR FERRER VANRELL, J. A. TORRES LANA y M. J. ACHÓN BRUÑEN, directores; O. MONJE VALMASEDA, coord. Madrid, 2018 (en imprenta).

DOMINICI, Aníbal: *Comentarios al Código Civil venezolano (reformado en 1896)*. Tomo II. Editorial REA. Caracas, 1962.

ESPÍN CÁNOVAS, Diego: *Derecho Civil español*. Vol. III (obligaciones y contratos). 2ª, Editorial Revista de Derecho Privado. Madrid, 1961.

FERRAJOLI, Luigi: «Prefacio». En: *Infancia, ley y democracia en América Latina*. Tomo I. 2ª, Temis. Emilio GARCÍA MÉNDEZ y Mary BELOFF, compiladores. Bogotá, 1999.

FLORENSA I TOMÀS, Carles Enric: *El defensor judicial*. Civitas. Madrid, 1992.

GARCÍA DE ENTERRÍA, Eduardo y FERNÁNDEZ, Tomás-Ramón: *Curso de Derecho Administrativo*. Tomo II. 6ª, Civitas. Madrid, 1999.

GARCÍA MÉNDEZ, Emilio: «Infancia, ley y democracia: una cuestión de justicia». En: *Infancia, ley y democracia en América Latina*. Tomo I. 2ª, Temis. Emilio GARCÍA MÉNDEZ y Mary BELOFF, compiladores. Bogotá, 1999.

_____: «Adolescentes en conflicto con la ley penal: Seguridad ciudadana y derechos fundamentales». En: *Derechos del niño. Textos básicos*. UNICEF. Caracas, 1996.

GARCÍA MÉNDEZ, Emilio y BELOFF, Mary: «Nota a la segunda edición». En: *Infancia, ley y democracia en América Latina*. Tomo I. 2ª, Temis. Emilio GARCÍA MÉNDEZ y Mary BELOFF, compiladores. Bogotá, 1999.

GETE-ALONSO, María del Carmen (coord.) *et alter*: *Cuadernos de teoría y práctica de Derecho Civil. Derecho Civil I*. 2ª, La Ley. Madrid, 1991.

GÓMEZ ORBANEJA, Emilio: *Derecho Procesal Civil*. Vol. I (Parte general – El proceso declarativo ordinario). 8ª, Artes Gráficas y Ediciones. Madrid, 1979.

GÓMEZ TABOADA, Jesús: «Capacidad del otorgante y vicios del consentimiento: breves consideraciones desde la perspectiva notarial». En: *Boletín del Ministerio de Justicia*. Nº 2009. Madrid, 2006.

GORDILLO CAÑAS, Antonio: *Capacidad, incapacidades y estabilidad de los contratos*. Tecnos. Madrid, 1986.

GRANADILLO C., Víctor Luis: *Tratado elemental de Derecho Civil*. Tomo I. 4ª, Ediciones Magón. Caracas, 1981.

GRATERÓN GARRIDO, Mary Sol: *Derecho Civil I, Personas*. Fondo Editorial USM. Caracas, 2007.

GUILLÓ JIMÉNEZ, Juan: «Políticas de infancia», material digital del Máster en Derecho de Familia e Infancia. Universitat de Barcelona. Barcelona, 2016.

GUZMÁN FLUJA, Vicente Carlos y CASTELLEJO MANZANARES, Raquel: *Los derechos procesales del menor de edad en el ámbito del proceso civil*. Ministerio del Trabajo y Asuntos Sociales. Madrid, 2000.

Hung Vaillant, Francisco: *Derecho Civil I*. 5ª, Vadell Hermanos Editores. Caracas, 2015.

_____: «Notas sobre la capacidad jurídica de niños y adolescentes a la luz de la Ley Orgánica para la Protección del Niño y del Adolescente». En: *Revista de Derecho*. Nº 2. TSJ. Caracas, 2000.

Jiménez García, Joel Francisco: «La patria potestad. Su actual concepción en el Código Civil para el Distrito Federal». En: *Revista de Derecho Privado*. Nº 12. Unam. México D. F., 2005.

Larroumet, Christian: *Derecho Civil. Introducción al estudio del Derecho privado*. Legis. Bogotá, 2008.

Lasarte, Carlos: «Artículo 12. Mayoría de edad». En: *Comentarios a la Constitución Española de 1978*. Tomo II. Director Óscar Alzaga Villaamil. Cortes Generales-Edersa, Madrid, 1997.

Leal Rangel, Jorge: «La capacidad». En: *Manual de Derecho Civil: Personas*. 2ª, Fundesde. San Cristóbal, 2013.

Lois Estévez, Luis: *Proceso y forma (ensayo de una teoría general del proceso)*. Editorial Porto. Santiago, 1947.

Loreto, Luis: *Estudios de Derecho Procesal Civil*. UCV. Caracas, 1956.

_____: *Contribución al estudio de la excepción de inadmisibilidad por falta de cualidad*. Antología Jurídica. Buenos Aires, 1940.

Luis Luis, Marisol: *Protección de los derechos de autor de los niños, niñas y adolescentes*. UCV. Trabajo especial de grado para optar al título de especialista en Derecho de la Niñez y de la Adolescencia. Caracas, 2015.

Luzón Domingo, Diego: «Tratamiento penal de la delincuencia juvenil». En: *Anuario de Derecho Penal y Ciencias Penales*. N° 3. Madrid, 1966.

Marín Echeverría, Antonio Ramón: *Derecho Civil I personas*. McGraw-Hill Interamericana. Caracas, 1998.

Márquez Luzardo, Carmen María: «La denuncia de la Convención Americana sobre Derechos Humanos y otros casos paradigmáticos. Los precedentes de: Trinidad y Tobago; Perú y Venezuela». En: *Revista Cuestiones Jurídicas*. Vol. 8, N° 1. Universidad Rafael Urdaneta. Maracaibo, 2014.

MARTÍN REBOLLO, Luis: *Constitución española (edición especial anotada)*. Thomson–Aranzadi. Navarra, 2003.

MARTÍNEZ RIVIELLO, Fernando: *Las partes y los terceros en la teoría general del proceso*. UCV. Caracas, 2006.

MARTÍNEZ SERRANO, Alicia: «Principios sustantivos y procesales básicos de la responsabilidad penal de los menores establecidos en la LO 5/2000». En: *La responsabilidad penal de los menores aspectos sustantivos y procesales*. Consejo General del Poder Judicial. María Rosario ORNOSA FERNÁNDEZ, directora. Madrid, 2001.

MATTUTAT MUÑOZ, Marjorie Patricia: «Minoridad y mayoridad». En: *Manual de Derecho Civil: Personas*. 2ª, FUNDESDE. San Cristóbal, 2013.

MÉLICH-ORSINI, José: *Doctrina general del contrato*. Editorial Jurídica Venezolana. Caracas, 1993.

MENDIZÁBAL OSES, Luis: *Introducción al Derecho Correccional de Menores*. Instituto de la Juventud. Madrid, 1974.

_____ : «Segundas Jornadas Hispanoamericanas en torno al Derecho Especial del Menor». En: *Revista de Estudios Políticos*. N° 168. CEPC. Madrid, 1969.

_____ : «El concepto del Derecho del Menor». En: *Revista del Instituto de la Juventud*. N° 19. Madrid, 1968 (separata).

MENDOZA T., José Rafael: *La protección y el tratamiento de los menores*. Editorial Bibliográfica Argentina. Buenos Aires, 1960.

MESSINEO, Francesco: *Doctrina general del contrato*. Tomo I. EJEA. Trad. R. FONTANARROSA, S. SENTÍS y M. VOLTERRA. Buenos Aires, 1986.

MONTEJO RIVERO, Jetzabel Mireya: «Menor de edad y capacidad de ejercicio: Reto del Derecho familiar contemporáneo». En: *Revista sobre la Infancia y la Adolescencia*. N° 2. UPV. Valencia, 2012.

MONTERO AROCA, Juan: «Síntesis de Derecho Procesal Civil español. Primera parte». En: *Boletín Mexicano de Derecho Comparado*. N° 89. UNAM. México D. F., 1997.

_____: «Las partes en el proceso de trabajo: capacidad y legitimación». En: *Estudios de Derecho Procesal*. Librería Bosch. Barcelona, 1981.

MORAIS DE GUERRERO, María Gracia y SERRANO, Carla: «Comentario al proceso de reforma legislativa en Venezuela». En: *Infancia, ley y democracia en América Latina*. Tomo II. 2ª, Temis. Emilio GARCÍA MÉNDEZ y Mary BELOFF, compiladores. Bogotá, 1999.

MORALES L., Georgina: *La divergencia entre la Ley Tutelar de Menores y la Convención sobre los Derecho del Niño. Su adecuación a través de la Ley Orgánica para la Protección del Niño y del Adolescente (en cuanto a las penas de privación de libertad)*. UCV. Caracas, 2001.

MORETÓN SANZ, María Fernanda: «El ejercicio de los derechos de ciudadanía y de la personalidad por los menores de edad: Análisis particular del reconocimiento de la situación de dependencia en España». En: *Revista sobre la Infancia y la Adolescencia*. N° 1. Valencia, 2011.

NIETO ALONSO, Antonia: «Capacidad del menor de edad en el orden patrimonial civil y alcance de la intervención de sus representantes legales». En: *Revista de Derecho Civil*. Vol. III, N° 3. Madrid, 2016, http://nreg.es/ojs/index.php/RDC.

O'CALLAGHAN, Xavier: *Compendio de Derecho Civil español*. Tomo II (obligaciones y contratos), vol. I. 3ª, EDERSA. Madrid, 2001.

OCHOA GÓMEZ, Oscar E.: *Los 80 años del Proyecto Ítalo-Francés de Código de las Obligaciones y de los Contratos (1927-2007)*. Academia de Ciencias Políticas y Sociales. Caracas, 2008.

_____: *Derecho Civil I: Personas*. UCAB. Caracas, 2006.

O'DONNELL, Daniel: «La Convención sobre los Derechos del Niño: estructura y contenido». En: *Derechos del niño. Textos básicos*. UNICEF. Caracas, 1996.

Observaciones Generales del Comité de los Derechos del Niño. UNICEF. México D. F., 2014 (también en: http://www2.ohchr.org/spanish/bodies/crc/index.htm).

Ossorio, Ángel: *Anteproyecto del Código Civil Boliviano.* Imprenta López. Buenos Aires, 1943.

Otárola Espinoza, Yasna: «La función supletoria de las normas de Derecho Civil». En: *Revista Chilena de Derecho y Ciencia Política.* N° 2. Universidad Católica de Temuco. Temuco, 2012.

Pacheco Gordillo, Hermógenes: *Capacidad y legitimación. Estudio práctico y doctrinal.* Lex. Barcelona, 1953.

Parra Aranguren, Gonzalo: «La tarea complementaria de la Convención de Naciones Unidas sobre los Derechos del Niño realizada por las Convenciones de la Conferencia de La Haya de Derecho Internacional Privado». En: *Revista de la Facultad de Ciencias Jurídicas y Políticas.* N° 106. UCV. Caracas, 1998.

Parra Castro, Nélida J.: *Intervención del hijo adolescente sometido a patria potestad en la administración de sus bienes.* UCV. Trabajo especial de grado para optar al título de especialista en Derecho de la Niñez y de la Adolescencia. Caracas, 2011.

Peñaranda Quintero, Héctor: *Fundamentos del Derecho de la Niñez y de la Adolescencia.* 2ª, LUZ. Maracaibo, 2013.

_____: *Derecho Civil I Derecho de Personas.* 2ª, LUZ. Maracaibo, 2012.

Propuesta del Instituto Nacional del Menor a la Comisión Especial del Congreso que estudia la reforma parcial a la Ley Tutelar del Menor. INAM. Caracas, 1996.

Pereña Vicente, Montserrat: «La Convención de Naciones Unidas y la nueva visión de la capacidad jurídica». En: *IUS. Revista del Instituto de Ciencias Jurídicas de Puebla.* Vol. IV, N° 26. Puebla, 2010.

Picontó Novales, Teresa: «Fisuras en la protección de los derechos de la infancia». En: *Cuadernos Electrónicos de Filosofía del Derecho.* N° 33. Valencia, 2016.

PORTILLO ALMERÓN, Carlos: «Breves consideraciones acerca de las partes. Persona físicas y personas jurídicas. Clasificación que hace el Código Civil. La representación y la asistencia según la Ley de Abogados. Jurisprudencia. Comentarios». En: *Jurídica, Revista del Colegio de Abogados del Estado Mérida*. N° 2. Mérida, 1973.

PUIG PEÑA, Federico: *Introducción al Derecho Civil, español, común y foral*. Reimp. 2ª ed. de 1941, Atenea. Caracas, 2008.

_____ : *Compendio de Derecho Civil español*. Tomo I (parte general). 3ª, Ediciones Pirámide. Madrid, 1976.

RAMOS CHAPARRO, Enrique: «Incapacidad de obrar y acciones personalísimas de estado (a propósito de la STC N° 311/2000, de 18 de diciembre)». En: *Anuario de Derecho Civil*. N° 2. Madrid, 2002.

_____ : *La persona y su capacidad civil*. Tecnos. Madrid, 1995.

_____ : «Niños y jóvenes en el Derecho Civil Constitucional». En: *Revista Derecho Privado y Constitución*. N° 7. CEPC. Madrid, 1995.

RAMOS MÉNDEZ, Francisco: *Derecho Procesal Civil*. Librería Bosch. Barcelona, 1980.

RAJMIL, Alicia B. y LLORENS, Luis Rogelio: «Apuntes acerca del régimen de capacidad de las personas humanas en el Código Civil y Comercial de la República Argentina (Ley 26994)». En: *IUS. Revista del Instituto de Ciencias Jurídicas de Puebla*. N° 36. Puebla, 2015.

RAVETLLAT BALLESTÉ, Isaac: *Aproximación histórica a la construcción sociojurídica de la categoría infancia*. Universitat Politècnica de València. «Prólogo» de Carlos VILLAGRASA ALCAIDE. Valencia, 2015.

_____ : «¿Por qué dieciocho años? la mayoría de edad civil en el ordenamiento jurídico civil español». En: *Anales de la Cátedra Francisco Suárez*. N° 49. Granada, 2015.

_____ : «Responsabilidad negocial de los actos realizados por menores de edad no emancipados. Análisis doctrinal y jurisprudencial». En: *Revista Crítica de Derecho Inmobiliario*. N° 737. Madrid, 2013.

RIVERO HERNÁNDEZ, Francisco: *El interés del menor*. 2ª, Dykinson. Madrid, 2007.

ROCHA ESPÍNDOLA, Martín: «La persona del menor, su interés superior, su autonomía y el libre desarrollo de su personalidad». En: *Actualidad Jurídica Iberoamericana*. Nº 2. Valencia, 2015.

ROTONDI, Mario: *Instituciones de Derecho Privado*. Editorial Labor. Trad. Francisco F. VILLAVICENCIO. Barcelona, 1953.

RUIZ JIMÉNEZ, Juana: «La capacidad del menor». En: *Curso sobre la protección jurídica del menor*. Colex. María POUS DE LA FLOR y Lourdes TEJEDOR MUÑOZ, coords. Madrid, 2001.

SAMANES ARA, Carmen: *Las partes en el proceso civil*. La Ley. Madrid, 2000.

SANCHO CASAJUS, Carlos: «Los derechos de la personalidad de los menores en Aragón». En: *XVIII Encuentros del Foro de Derecho Aragonés*. El Justicia de Aragón. Zaragoza, 2008.

SANCHO GARGALLO, Ignacio: *Incapacitación y tutela (conforme a la Ley 1/2000 de Enjuiciamiento Civil)*. Tirant lo Blanch. Valencia, 2000.

SANOJO, Luis: *Instituciones de Derecho Civil venezolano*. Tomo I. Imprenta Nacional. Caracas, 1873.

SANTORO PASARELLI, Francesco: *Doctrinas generales del Derecho Civil*. Editorial Revista de Derecho Privado. Trad. A. LUNA SERRANO. Madrid, 1964.

SANZ HERMIDA, Ágata María: *El nuevo proceso penal del menor*. Ediciones de la Universidad de Castilla-La Mancha. Cuenca, 2002.

SERRANO GÓMEZ, Rocío: «La capacidad negocial del menor adulto». En: *Revista Estudios Socio-Jurídicos*. Vol. 9, Nº 1. Universidad del Rosario. Bogotá, 2007.

STANZIONE, Pasquale: «Derechos fundamentales del menor y la potestad de los padres». En: *Jurídica, Revista del Colegio de Abogados del Estado Mérida*. Nº 13. Mérida, 1981.

VAAMONDE, María Alejandra: *La capacidad procesal de niños, niñas y adolescentes para accionar ante los órganos de justicia*. UCAB. Trabajo especial de grado de especialista en Derecho de Familia y del Niño. Caracas, 2009.

VARELA CÁCERES, Edison Lucio: «La designación de defensores públicos con competencia en materia de protección de niños, niñas y adolescentes y la capacidad procesal». En: *Revista Venezolana de Legislación y Jurisprudencia*. N° 8. Caracas, 2017.

_____: «Problema en Pollensa: nueve casos sobre la actividad de la Defensa Pública en materia de Derecho de la Niñez y de la Adolescencia». En: *Revista de Derecho de la Defensa Pública*. N° 1. Caracas, 2015.

_____: «Introducción a los principios generales de Derecho: especial referencia a los principios sectoriales del Derecho Laboral». En: *Revista Venezolana de Legislación y Jurisprudencia*. N° 5. Caracas, 2015.

_____: «Introducción al Derecho de la Niñez y de la Adolescencia». En: *Revista Venezolana de Legislación y Jurisprudencia*. N° 4. Caracas, 2014.

_____: «El principio de unidad de filiación». En: *Revista Venezolana de Legislación y Jurisprudencia*. N° 2. Caracas, 2013.

VARELA CASTRO, Ignacio: «El interés del menor como derecho subjetivo. Especial referencia a la capacidad para contratar del menor». En: *Boletín del Ministerio de Justicia*. N° 2189. Madrid, 2016.

VILLAGRASA ALCAIDE, Carlos: «El derecho de la persona menor de edad: Hacia una disciplina autónoma desde el Derecho Civil». En: *Comentarios acerca de las leyes de reforma del sistema de protección a la infancia y la adolescencia (2016)*. Tirant Lo Blanch. Vicente CABEDO MALLOL e Isaac RAVETLLAT BALLESTÉ, coords. Valencia, 2016.

TERÁN PIMENTEL, Milagro: «Sobre un concepto de interés superior del menor». En: *Anuario de Derecho*. N° 31. ULA. Mérida, 2014.

TERRADILLOS BASOCO, Juan M.: «Responsabilidad penal de los menores». En: *Menores. Responsabilidad penal y atención psicosocial*. Tirant Lo

Blanch. Luis RUIZ RODRÍGUEZ y José NAVARRO GUZMÁN, coords. Valencia, 2004.

TRAPANI, Carlos (comp.): *Normas internacionales para la protección de los derechos humanos de la niñez y adolescencia.* Ediciones el Papagayo CECODAP. Caracas, 2004.

WACH, Adolf: *Conferencia sobre la Ordenanza Procesal Civil alemana.* EJEA. Trad. Ernesto KROTOSCHIN. Buenos Aires, 1958.

LEGISLACIÓN VENEZOLANA

Constitución de la República Bolivariana de Venezuela, *Gaceta Oficial de la República Bolivariana de Venezuela* N° 5908 extraordinario, del 19-02-09.

Ley Orgánica para la Protección de Niños, Niñas y Adolescentes, *Gaceta Oficial de la República Bolivariana de Venezuela* N° 6185 extraordinario, del 08-06-15.

Ley Aprobatoria el Protocolo Facultativo del Pacto Internacional de Derechos Económicos, Sociales y Culturales, *Gaceta Oficial de la República Bolivariana de Venezuela* N° 40358, del 18-02-14.

Ley Orgánica del Poder Público Municipal *Gaceta Oficial de la República Bolivariana de Venezuela* N° 6015 extraordinario, del 28-12-10.

Ley Orgánica de las Comunas, *Gaceta Oficial de la República Bolivariana de Venezuela* N° 6011 extraordinario, del 21-12-10.

Ley sobre Procedimientos Especiales en Materia de Protección Familiar de Niños, Niñas y Adolescentes, *Gaceta Oficial de la República Bolivariana de Venezuela* N° 39570, del 09-12-10.

Convención sobre los Derechos de las Personas con Discapacidad y su Protocolo Facultativo, *Gaceta Oficial de la República Bolivariana de Venezuela* N° 39236, del 06-08-09.

Ley Orgánica de los Consejos Comunales, *Gaceta Oficial de la República Bolivariana de Venezuela* N° 39335, del 28-12-09.

Ley Aprobatoria del Protocolo Facultativo de la Convención sobre los Derechos del Niño relativo a la participación de niños en los conflictos armados, *Gaceta Oficial de la República Bolivariana de Venezuela* N° 5570 extraordinario, del 03-01-02.

Ley Aprobatoria del Protocolo Facultativo de la Convención sobre los Derechos del Niño relativo a la venta de niños, la prostitución infantil y la utilización de niños en la pornografía, *Gaceta Oficial de la República Bolivariana de Venezuela* N° 37355, del 02-01-02.

Ley sobre el Derecho de Autor, *Gaceta Oficial de la República de Venezuela* N° 4638 extraordinario, del 01-10-93.

Código de Procedimiento Civil, *Gaceta Oficial de la República de Venezuela* N° 4209 extraordinario, del 18-09-90.

Convención sobre los Derechos del Niño, *Gaceta Oficial de la República de Venezuela* N° 34541, del 29-08-90.

Ley Orgánica de Amparo sobre Derechos y Garantías Constitucionales, *Gaceta Oficial de la República de Venezuela* N° 34060, del 27-09-88.

Código Civil, *Gaceta Oficial de la República de Venezuela* N° 2990 extraordinario, del 26-07-82.

LEGISLACIÓN ESPAÑOLA

Ley 26/2015, de 28 de julio, de Modificación del Sistema de Protección a la Infancia y a la Adolescencia, *BOE* N° 180, del 29-07-15.

Ley Orgánica 8/2015, de 22 de julio, de Modificación del Sistema de Protección a la Infancia y a la Adolescencia, *BOE* N° 175, del 23-07-15.

Ley 15/2015, de 2 de julio, de la Jurisdicción Voluntaria, *BOE* N° 158, del 03-07-15.

Protocolo Facultativo de la Convención sobre los Derechos del Niño relativo a un procedimiento de comunicaciones, *BOE* N° 27, del 31-01-14.

Ley 36/2011, de 10 de octubre, reguladora de la Jurisdicción Social, *BOE* N° 245, del 11-10-11.

Decreto Legislativo 1/2011, de 22 de marzo, «Código del Derecho Foral de Aragón», Comunidad Autónoma de Aragón, *BOA* N° 67, del 29-03-11.

Ley 25/2010, de 29 de julio, del Libro Segundo del Código Civil de Cataluña, relativo a la persona y la familia (Comunidad Autónoma de Cataluña, *DOGC* N° 5686, del 05-08-10), *BOE* N° 203, del 21-08-10.

Ley 14/2010, de 27 de mayo, de los Derechos y las Oportunidades en la Infancia y la Adolescencia de Cataluña (*DOGC* N° 5641, del 02-06-10), *BOE* N° 156, del 28-06-10.

Ley 15/2009, de 22 de julio, de Mediación en el ámbito del Derecho Privado (Comunidad Autónoma de Cataluña, *DOGC* N° 5432, del 30-07-09), *BOE* N° 198, del 17-08-09.

Ley 14/2007, de 3 de julio, de Investigación Biomédica, *BOE* N° 159, del 04-07-07.

Ley 41/2002, de 14 de noviembre, Básica Reguladora de la Autonomía del Paciente y de Derechos y Obligaciones en Materia de Información y Documentación Clínica, *BOE* N° 274, del 15-11-02.

Ley Orgánica 5/2000, de 12 enero, reguladora de la Responsabilidad Penal de los Menores, *BOE* N° 11, del 13-01-00.

Ley 1/2000, de 7 de enero, de Enjuiciamiento Civil, *BOE* N° 7, del 08-01-00.

Ley 29/1998, de 13 de julio, reguladora de la Jurisdicción Contencioso-administrativa, *BOE* N° 167, del 14-07-98.

Ley Orgánica 2/1989, de 13 de abril, Procesal Militar, *BOE* N° 92, del 18-04-89.

www.ingramcontent.com/pod-product-compliance
Lightning Source LLC
Chambersburg PA
CBHW071504040426
42444CB00008B/1491